한 권으로 끝내는

초등 입학 준비 끝!

영어

Mirae N 아이세움

한 권으로 끝내는 초등 입학 준비

자녀가 초등학교 입학을 앞둔 학부모는 준비할 것도, 걱정도 많아집니다.
유치원에서 한글이나 수 세기와 같은 기본 교육을 받았지만
'내 아이가 학교 교육과정을 따라가지 못하면 어쩌지?' 하는 두려움이 들기 때문입니다.

〈한 권으로 끝내는 초등 입학 준비 끝!〉 시리즈는
초등 입학 전 자녀를 둔 부모님들의 이런 걱정을 말끔히 해소해 줄 초등 예비 학습서입니다.
한글, 수학, 영어, 한자, 학교생활 다섯 영역별로 초등학교에 들어가기 전에
알아야 할 필수 문제를 실어, 차근차근 초등 입학 준비를 할 수 있습니다.

1 개정된 초등 교육과정을 반영한 입학 전 필수 문제로 구성!

한글, 수학, 영어, 한자, 학교생활로 구성된 5권의 책에는 개정된 초등 교육과정을 반영한
필수 문제들이 실려 있습니다. 달라진 교과서에 맞추어 1학년 초등 교과서를 심층 분석하여
초등학교 입학을 앞둔 어린이들에게 꼭 필요한 내용을 선별하여 문제로 엮었습니다.

> **한글** 낱말, 글자, 문장 표현 등을 익히면서 초등학교 국어 교육과정을 미리 학습합니다.
> **수학** 수와 연산, 도형, 측정 등을 익히면서 초등학교 수학 교육과정을 미리 학습합니다.
> **영어** 알파벳, 낱말, 문장 표현, 생활 회화 등을 익히면서 초등학교 영어 교육과정을 미리 학습합니다.
> **한자** 한자능력검정시험 7, 8급에 출제되는 한자를 익히면서 초등학교 필수 한자를 미리 학습합니다.
> **학교생활** 학교 규칙, 예절, 안전 등을 익히면서 학교생활에 완벽하게 적응할 수 있는 자신감을 기릅니다.

2 내실 있는 알찬 문제로 초등 교과 학습 내용을 미리 공부!

〈한 권으로 끝내는 초등 입학 준비 끝! 영어〉는 초등학교 영어 교육과정에 기초가 되는
영어 단어와 문장을 총정리할 수 있도록 엮었습니다.
유아 학습지처럼 쉽게 실전에 가까운 선행 학습을 할 수 있도록 구성했습니다.

3 '학습 체크리스트'로 영역별 학습 목표를 정확히 알고 차근차근 학습 완료!

각 영역별로 아이가 꼭 알아야 할 학습 목표를 '학습 체크리스트'로 제시하였습니다.
각 학습을 완료할 때마다 ☐ 안에 표시함으로써 아이가 무엇을 배웠는지,
부족한 부분은 무엇인지 파악하여 차근차근 학습을 완료해 나갈 수 있습니다.

초등 1학년 영어, 이렇게 지도하세요

1 반복 학습을 통한 단어와 문장 익히기

외국어를 익히는 데는 지속적인 반복 학습이 가장 효과적입니다.
듣고, 보고, 말하기를 반복하다 보면 자연스레 단어와 문장이 습득되기 마련입니다.
처음에는 알파벳으로 시작해 단어를 익히고 간단한 문장을 말할 수 있게 되기까지
아이와 계속해서 묻고 답하기를 해 주세요.

2 영어 사전 찾고 단어장 만들기

모르는 단어의 뜻을 찾아보게 하는 것은 아이 스스로 능동적 학습을 하기 위해 꼭 필요한 과정입니다.
처음에는 엄마와 함께 찾아보다가 차츰 익숙해지면 아이 혼자 하도록 지도해 주세요.
또한 사전으로 찾아본 단어는 그냥 뜻을 알고 넘기는 것에 그치지 말고,
단어장을 만들어 제대로 익힐 수 있게 합니다.
아이가 스스로 꾸민 단어장은 성취감을 느낄 수 있을 뿐만 아니라,
부모님이 아이의 학습 진도를 가늠해 볼 수 있는 좋은 자료가 됩니다.

3 큰 소리로 영어 책 읽기

외국어를 잘하기 위해서는 무엇보다 자신감이 필요합니다. 아이에게 자신감을 갖고
큰 소리로 영어 책을 읽도록 지도해 주세요. 소리 내서 읽다 보면 부모님이나 선생님이
아이의 틀린 발음을 교정해 줄 수 있으며, 자연스럽게 영어를 말할 수 있는 훈련도 됩니다.

4 반복적인 영어 듣기

외국어인 영어를 자국어처럼 듣기는 쉽지 않습니다. 영어를 처음 배우는 초기 단계에서는
매일 새로운 내용을 듣는 것보다는 같은 내용을 반복해서 듣는 것이 더 효과적입니다.
같은 문장을 반복해서 듣다 보면 전혀 들리지 않았던 내용들이 차츰 하나씩 또렷하게 들리는 것을
경험할 수 있습니다. 매일 30분씩 꾸준히 듣기 훈련을 하도록 지도해 주세요.

5 생활 속 영어 단어 찾기

아이들은 자신의 생활과 관련된 내용과 구체적인 사물을 더 쉽게 이해합니다.
아이들에게 과일, 동물, 음식, 장난감과 관련된 단어를 영어로 말해 보게 하며
영어를 더욱 친숙하게 익힐 수 있도록 지도해 주세요.

초등 1학년 영어, 체크 포인트!

1. 인사하기
만나고 헤어질 때 하는 인사 표현인 'Hello.', 'Hi!', 'Good morning / afternoon / evening.', 'Good-bye.', 'Bye.', 'So long.', 'See you (later).', 'Take care.', 'Have a nice day.' 등을 배웁니다. 또한 'How are you?', 'How's it going?', 'Fine, thanks.', 'I'm okay, thanks.', 'Not bad, thanks.' 같은 안부를 묻고 답하는 표현을 능숙하게 활용할 수 있도록 지도합니다.

2. 소개하기
'I'm ~.', 'My name is ~.'를 익혀 친구들과 선생님 앞에서 직접 자기소개를 해 봅니다. 다른 사람을 소개할 때는 'This is my friend, ~.'라고 하며, 소개에 답을 할 때는 'Nice to meet you.'라고 답할 수 있도록 반복해서 말해 봅니다.

3. 감사하기
영어의 감사 표현은 자주 사용되는 구문입니다. 다양한 상황 속에서 자연스럽게 말할 수 있도록 'Thank you (very much).', 'Thanks (a lot).'을 연습해 보며, 감사 표현에 답하는 말인 'Sure.', 'You're welcome.', 'My pleasure.'도 함께 익혀 둡니다.

4. 칭찬하기, 축하하기
친구 생일에 초대를 받았을 때 또는 친구에게 축하할 일이 생겼을 때 쓰는 표현을 익힙니다. 칭찬할 때는 '(Very) Good!', 'Good (for you)!', 'Well done!'을, 축하할 때는 'Happy birthday.', 'Congratulations!' 등의 표현을 씁니다. 칭찬, 축하에 대한 답으로는 'How nice (of you)!'가 좋습니다.

5. 약속하기
약속을 제안할 때는 'How about ~?', 'What about ~?'의 표현을 씁니다. 이에 대한 답으로는 'Sure.', 'Okay.', 'Why not?', 'No problem.' 등을 사용함을 알려 줍니다. 상황 예시를 주어 친구들과 문답을 주고받는 활동을 해 봅니다.

6. 기원하기
기원을 하는 표현에는 'Good luck!', 'Have a good ~.', 'Have fun!' 등이 있습니다. 이런 말을 들었을 때는 'Thank you (very much).', 'Many thanks.'의 표현으로 응대합니다. 상대방의 말에 적절한 호응을 해 주는 것이 예의임을 알려 줍니다.

7. 초대하기, 상대의 의견 묻기
상대의 의견을 묻거나 초대할 때 쓰는 표현으로는 'Can you join us?', 'Would you like to ~?'를 씁니다. 긍정의 대답일 때는 'Okay!', 'Great!', 'All right!', 'Sounds good.'을, 부정의 대답일 때는 'I'm sorry, I can't.'라고 말합니다. 질문에 답하는 다양한 표현을 숙지해 표현 어휘를 향상시켜 줍니다.

8. 사실적 정보 묻고 답하기
'Can you tell me ~?', 'Do you know ~?', 'How many ~?', 'Do you have ~?', 'What time is it?' 등은 모두 사실적 정보를 묻는 표현입니다. 각각의 질문 상황을 설정해 두고, 질문과 답을 주고받는 연습을 해 봅니다. 상황 표현이 익숙해지면 보다 자연스러운 회화를 할 수 있게 됩니다. 또한 사실을 확인할 때는 'Is this your ~?', 'Aren't you ~?', 'That's ~.' 등의 표현을 쓰는 것도 알려 줍니다.

9. 가능, 불가능 표현하기
어떤 일을 할 수 있거나 할 수 없다는 영어 표현을 배웁니다. 질문을 할 때는 'Can you ~?'라고 하며, 긍정의 대답에는 '(Sure,) I can.', 'No problem.'을, 부정의 대답일 때는 'No, I can't.'라고 합니다. 대답을 할 때 적절한 몸동작을 함께 하면 뜻이 훨씬 잘 전달됩니다.

10. 허락 요청하기, 허락하기
무엇을 해도 되는지 허락을 구할 때 쓰는 표현인 'May I ~?', 'Can I ~?'를 배워 봅니다. 허락을 할 때는 'Of course.', 'You can.', 'Sure.', 'Okay.', 'OK.', 'All right.', 'Go ahead.', 허락하지 않을 때는 'Sorry ~, but ~.', 'No way.'를 씁니다.

11. 동의하기, 반대하기
나의 의견에 상대의 동의를 묻는 표현을 배웁니다. 'Okay?', 'Right?', 'All right with you?'로 질문을 하면, 상대방이 동의할 때는 'Me, too.', 'Good!', 'Great!', 'That's right.', 'That's a good idea.'라고 답하며, 반대할 때는 'I don't think so.'라고 하면 됩니다.

알파벳

알파벳 A부터 Z까지 읽고 쓸 수 있으며,
대소문자를 구별할 수 있습니다.

학습 체크리스트

☐ ABC 익히고 쓰기

☐ ABC로 시작하는 낱말 알기

☐ ABC 대소문자 익히기

☐ DEF 익히고 쓰기

☐ DEF로 시작하는 낱말 알기

☐ DEF 대소문자 익히기

☐ GHI 익히고 쓰기

☐ GHI로 시작하는 낱말 알기

☐ GHI 대소문자 익히기

☐ JKL 익히고 쓰기

☐ JKL로 시작하는 낱말 알기

☐ JKL 대소문자 익히기

☐ MNO 익히고 쓰기

☐ MNO로 시작하는 낱말 알기

☐ MNO 대소문자 익히기

☐ PQR 익히고 쓰기

☐ PQR로 시작하는 낱말 알기

☐ PQR 대소문자 익히기

☐ STUV 익히고 쓰기

☐ STUV로 시작하는 낱말 알기

☐ STUV 대소문자 익히기

☐ WXYZ 익히고 쓰기

☐ WXYZ로 시작하는 낱말 알기

☐ WXYZ 대소문자 익히기

알파벳

ABC 익히고 쓰기

그림에서 A, B, C로 시작하는 낱말을 큰 소리로 읽고,
알파벳을 따라 쓰세요.

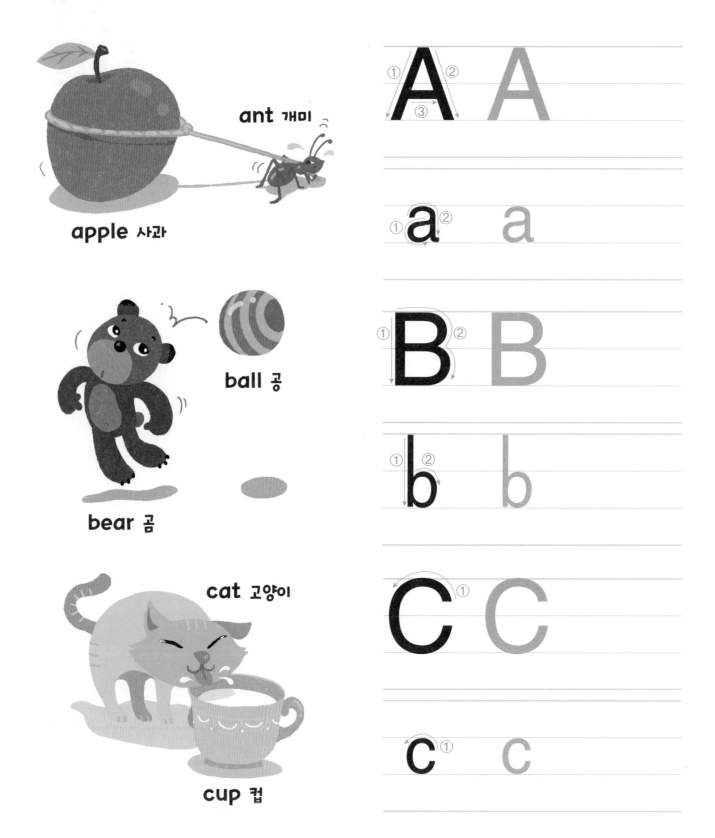

ant 개미

apple 사과

ball 공

bear 곰

cat 고양이

cup 컵

알파벳의 모양은 글자 서체에 따라 달라 보일 수 있습니다. A의 소문자는 a 또는 α로 표기합니다.

ABC로 시작하는 낱말 알기

그림을 보고 낱말의 첫 글자를 찾아 선으로 이으세요.

 · · **a** ·

 · · **b** ·

 · · **c** ·

ABC 대소문자 익히기

아이들이 잃어버린 물건을 찾고 있어요. 알파벳 대문자와 소문자를
차례대로 따라간 다음, 대문자를 써서 낱말을 완성하세요.

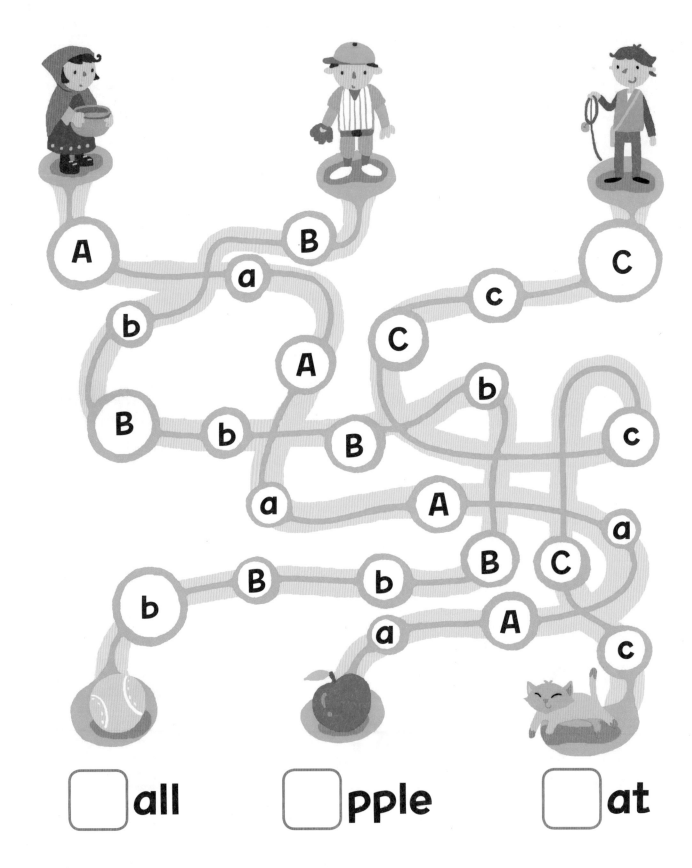

☐all   ☐pple   ☐at

DEF 익히고 쓰기

그림에서 D, E, F로 시작하는 낱말을 큰 소리로 읽고,
알파벳을 따라 쓰세요.

dog 개

doll 인형

egg 달걀

elephant 코끼리

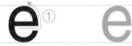

frog 개구리

fish 물고기

9

알파벳

DEF로 시작하는 낱말 알기

다음 알파벳으로 시작하는 낱말 그림을 찾아 색칠하세요.

6쪽과 9쪽에 나왔던 낱말들입니다. 하나하나 짚으며 영어 낱말을 말해 보게 하세요.

DEF 대소문자 익히기

낱말의 첫 글자로 알맞은 대문자와 소문자를 찾아 선으로 이으세요.

D

e

F

d

E

f

GHI 익히고 쓰기

그림에서 G, H, I로 시작하는 낱말을 큰 소리로 읽고,
알파벳을 따라 쓰세요.

glass 유리컵

gorilla 고릴라

G G

g g

hat 모자

hippo 하마

H H

h h

iguana
이구아나

I I

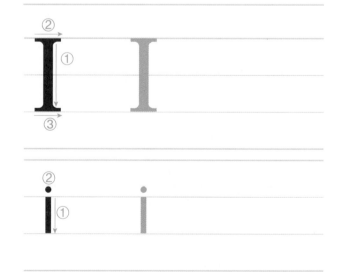
ice cream
아이스크림

i i

GHI로 시작하는 낱말 알기

보물이 묻혀 있는 곳을 찾으려 해요.
낱말의 첫 글자가 바르게 짝지어진 것을 따라가 보세요.

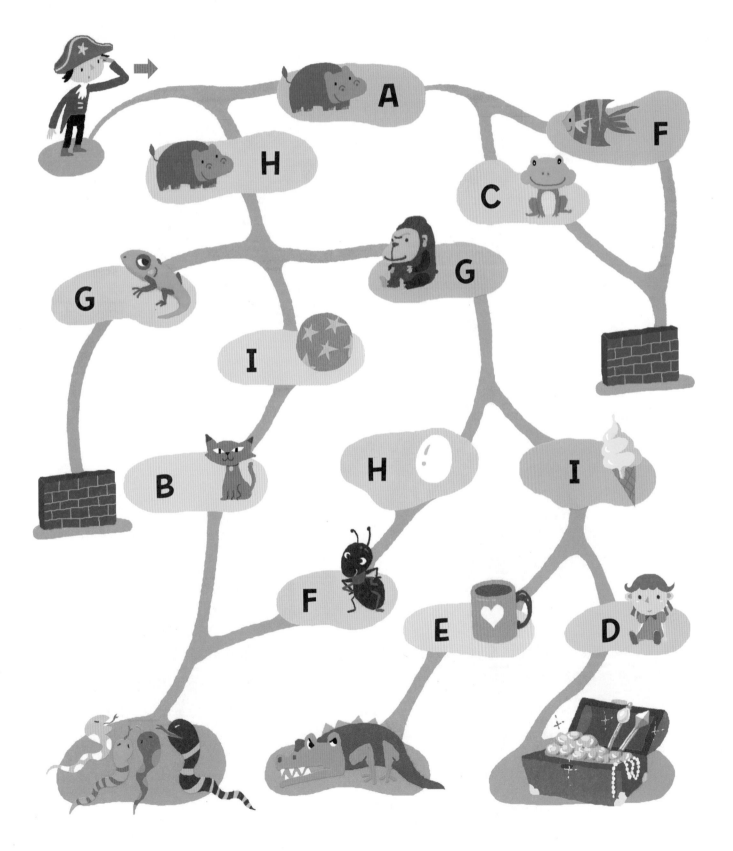

GHI 대소문자 익히기

그림을 보고 낱말의 첫 글자를 모두 찾아 ◯표 하세요.

G	H	i
I	g	C
B	h	A

H	A	g
I	G	b
D	i	h

G	B	C
H	i	g
d	h	e

F	h	i
A	I	D
C	a	E

JKL 익히고 쓰기

그림에서 J, K, L로 시작하는 낱말을 큰 소리로 읽고,
알파벳을 따라 쓰세요.

juice 주스

jelly 젤리

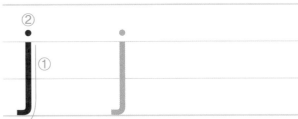

kangaroo 캥거루

key 열쇠

lemon 레몬

lion 사자

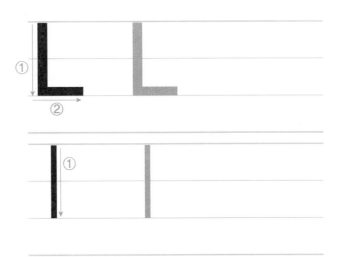

L발음이 R발음과 혼동되지 않도록 유의하세요.

JKL로 시작하는 낱말 알기

보기와 같이 낱말의 공통 첫 글자를 찾아 ○표 하세요.

보기

Iguana   Ice cream   G ⓘ L

J L K

I J L

J H K

JKL 대소문자 익히기

알파벳 대문자와 소문자를 순서대로 따라간 어린이를
모두 찾아 ◯표 하세요.

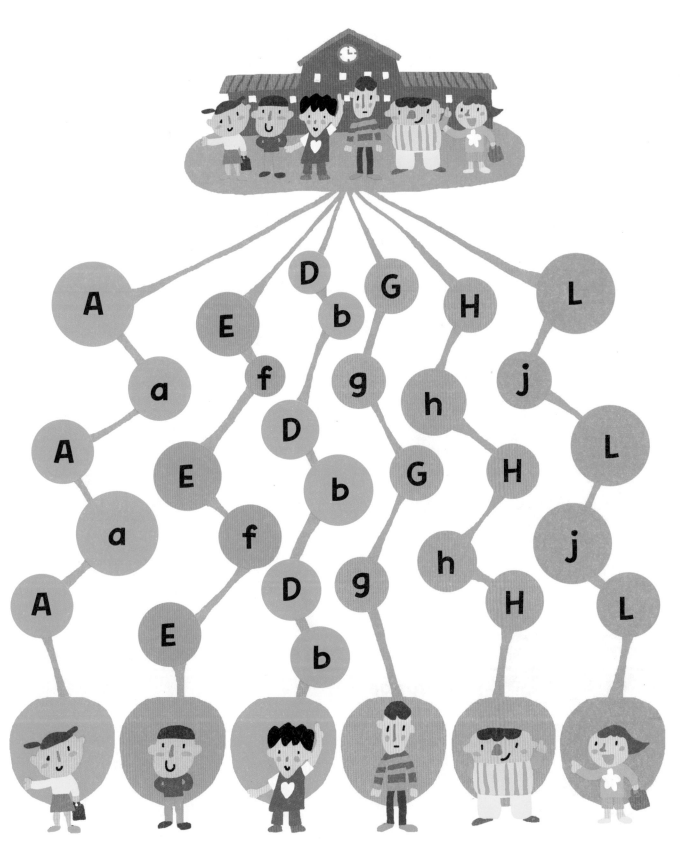

알파벳

MNO 익히고 쓰기

그림에서 M, N, O로 시작하는 낱말을 큰 소리로 읽고,
알파벳을 따라 쓰세요.

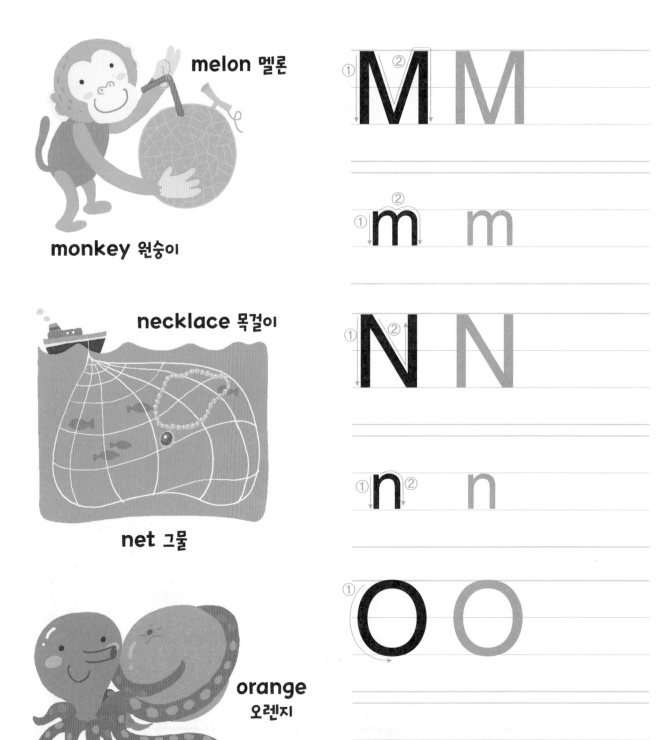

melon 멜론

monkey 원숭이

necklace 목걸이

net 그물

orange 오렌지

octopus 문어

18

MNO로 시작하는 낱말 알기

그림을 보고 낱말의 첫 글자를 찾아 선으로 이으세요.

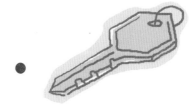

k

m

o

n

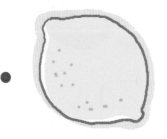

l

19

알파벳

MNO 대소문자 익히기

첫 글자가 같은 낱말들이 섞여 있어요. 알파벳 대문자와 소문자를
순서대로 따라간 다음, 대문자를 써서 낱말을 완성하세요.

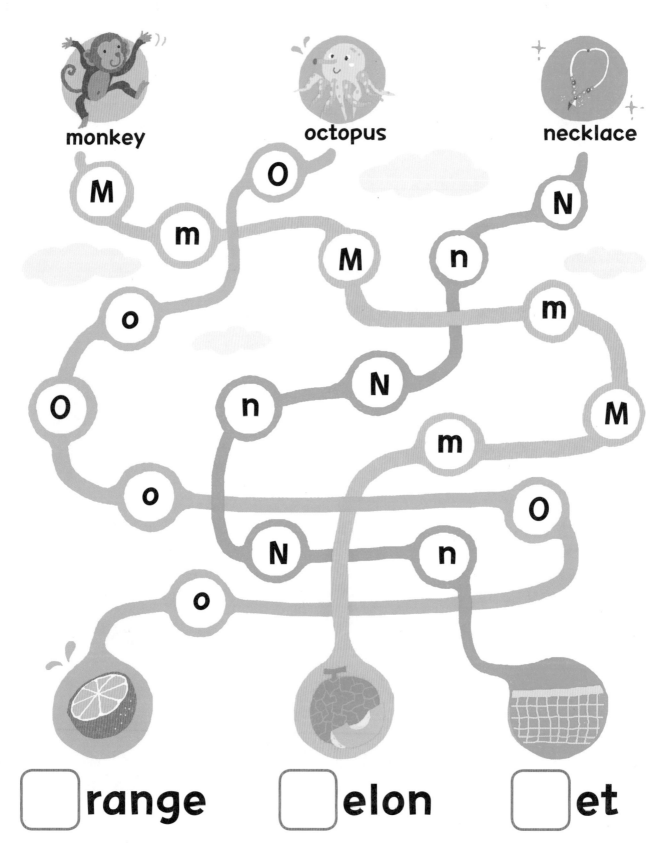

monkey

octopus

necklace

range

elon

et

PQR 익히고 쓰기

그림에서 P, Q, R로 시작하는 낱말을 큰 소리로 읽고,
알파벳을 따라 쓰세요.

pizza 피자

pig 돼지

queen 여왕

quilt 누비이불

rabbit
토끼

ring 반지

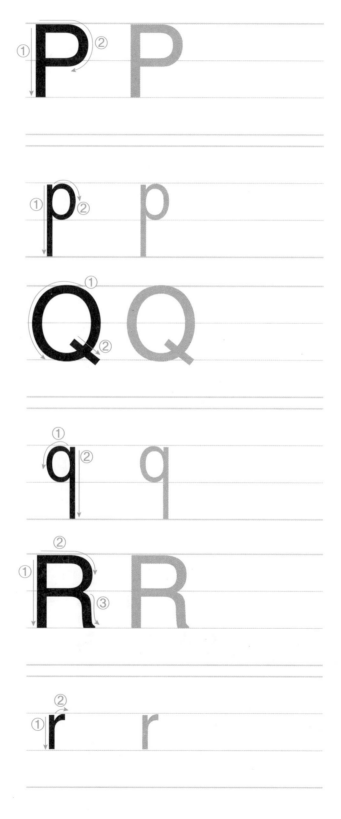

P발음이 F발음과 혼동되지 않도록 유의하세요.

PQR로 시작하는 낱말 알기

그림을 보고 낱말의 공통 첫 글자를 찾아 ◯표 하세요.

PQR 대소문자 익히기

알파벳 대문자와 소문자가 바르게 짝지어진 면을
모두 찾아 색칠하세요.

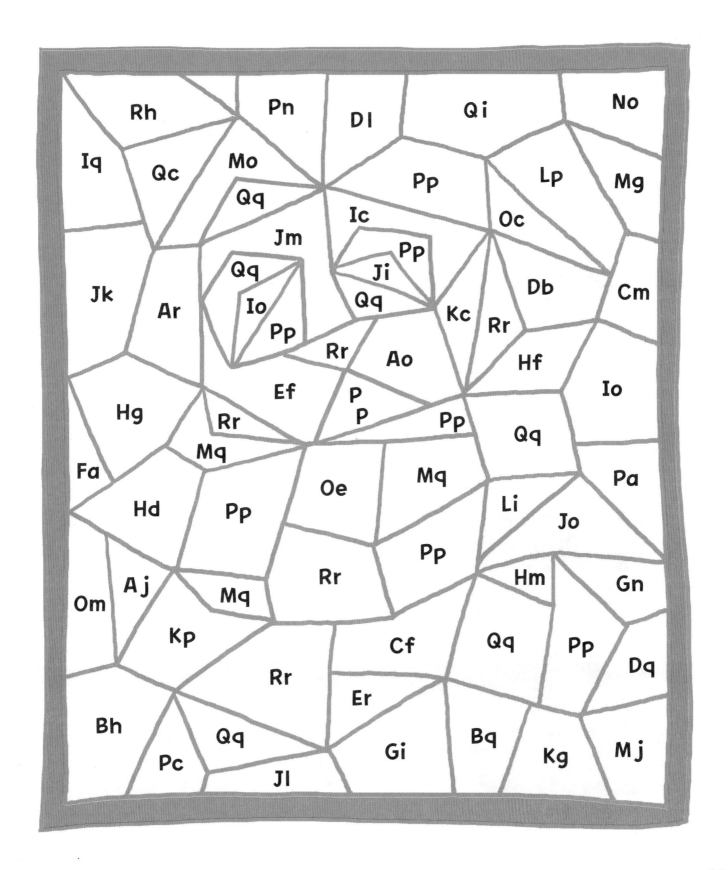

23

알파벳

STUV 익히고 쓰기

그림에서 S, T, U, V로 시작하는 낱말을 큰 소리로 읽고,
알파벳을 따라 쓰세요.

socks 양말

squirrel 다람쥐

tree 나무

tiger 호랑이

umbrella 우산

under 아래

violin 바이올린

vest 조끼

S S S
s s
T T T
t t
U U U
u u
V V V
v v

V발음이 B발음과 혼동되지 않도록 유의하세요.

STUV로 시작하는 낱말 알기

다음 알파벳으로 시작하는 낱말을 찾아
알파벳과 같은 색으로 ○표 하세요.

STUV 대소문자 익히기

알파벳 대문자와 소문자가 알맞게 짝지어진 것을 모두 찾아
보기와 같이 선으로 이으세요.

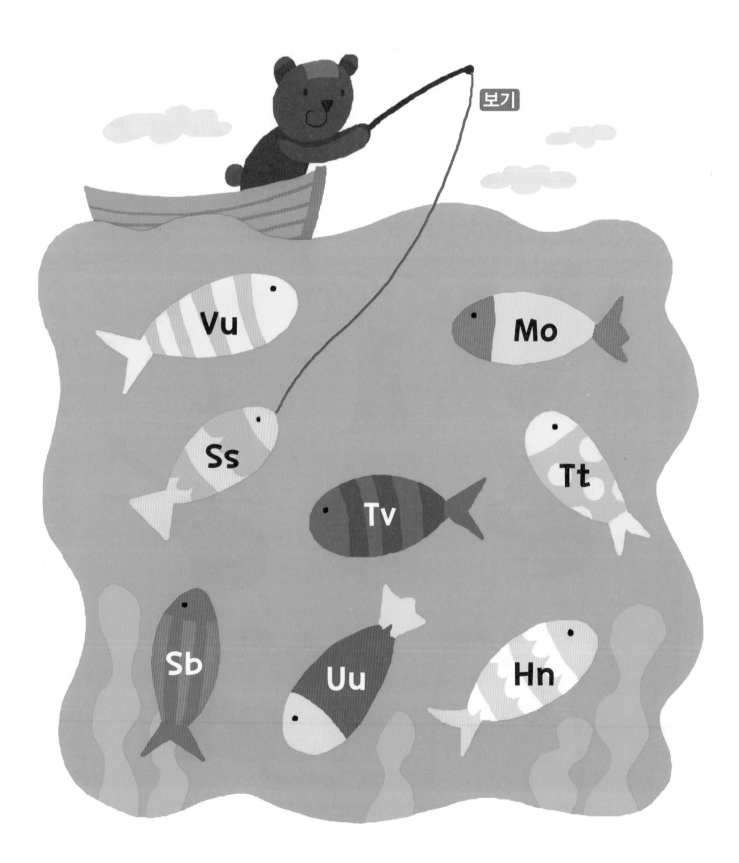

WXYZ 익히고 쓰기

그림에서 W, X, Y, Z로 시작하는 낱말을 큰 소리로 읽고,
알파벳을 따라 쓰세요.

watermelon 수박

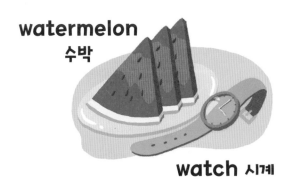

watch 시계

xmas 크리스마스

xylophone 실로폰

yoyo 요요

yacht 요트

zero 영(0)

zebra 얼룩말

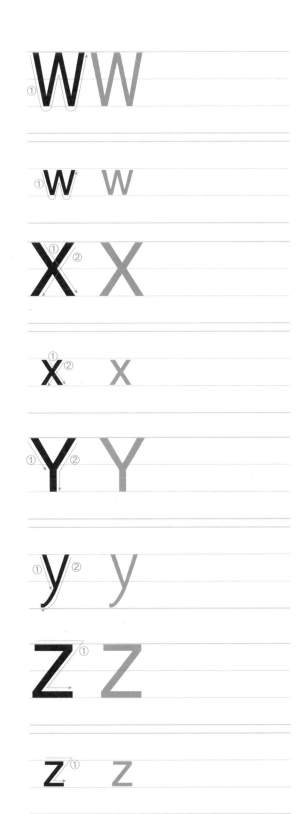

W W

w w

X X

x x

Y Y

y y

Z Z

z z

Z발음이 G발음과 혼동되지 않도록 유의하세요.　　27

알파벳

WXYZ로 시작하는 낱말 알기

다음 알파벳으로 시작하는 낱말을 찾아 알파벳과
같은 색으로 칠하세요.

27쪽에 나왔던 낱말들입니다. 하나하나 짚으며 영어 낱말을 말해 보게 하세요.

WXYZ 대소문자 익히기

구슬 속 알파벳 규칙을 잘 생각하면서,
빈칸에 알맞은 알파벳을 쓰세요.

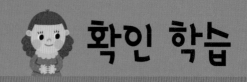

확인 학습

A부터 Z까지 알파벳 소문자 순서대로 길을 따라간 다음,
아래 빈칸에 대문자를 차례대로 쓰세요.

A

낱말 1

동물, 과일, 옷, 음식 등
우리 주변의 사물을
영어로 표현할 수 있습니다.

학습 체크리스트

- 학교 안 사물 낱말 알기
- 우리 몸 낱말 알기
- 음식 낱말 알기
- 과일 낱말 알기
- 농장 동물 낱말 알기

- 야생 동물 낱말 알기
- 움직임을 나타내는 낱말 알기
- 옷 낱말 알기
- 옷 관련 낱말 알기

학교 안 사물 낱말 알기

교실에 있는 사물의 이름을 큰 소리로 읽어 보세요.

window 창문

door 문

pen 펜

pencil 연필

eraser 지우개

desk 책상

book 책

ruler 자

bag 가방

chair 의자

다음 낱말에 알맞는 그림을 찾아 ○표 하세요.

desk

학교 안 사물 낱말 알기

그림과 낱말이 알맞게 짝지어지지 않은 것을 모두 찾아 ✕표 하세요.

학교 안 사물 낱말 알기

칠판에 있는 그림을 보고, 바르게 쓴 낱말을 찾아
◯표 하세요.

desk

besk

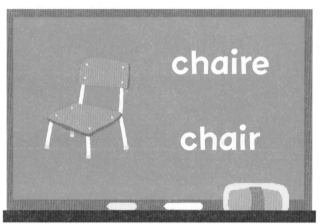

chaire

chair

book

bock

pencle

pencil

windou

window

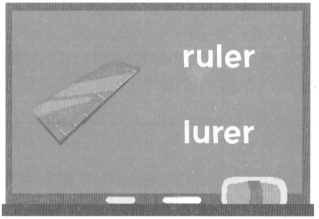

ruler

lurer

우리 몸 낱말 알기

우리 몸의 각 부분 이름을 큰 소리로 읽어 보세요.

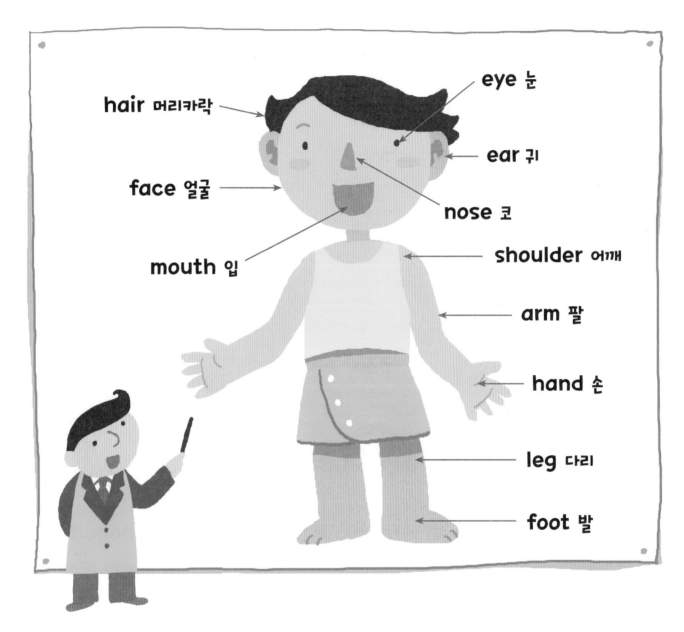

hair 머리카락

eye 눈

ear 귀

face 얼굴

nose 코

mouth 입

shoulder 어깨

arm 팔

hand 손

leg 다리

foot 발

다음 낱말에 알맞은 그림을 찾아 ○표 하세요.

 nose

35

우리 몸 낱말 알기

그림과 낱말이 알맞게 짝지어지지 않은 것을 모두 찾아 ✕표 하세요.

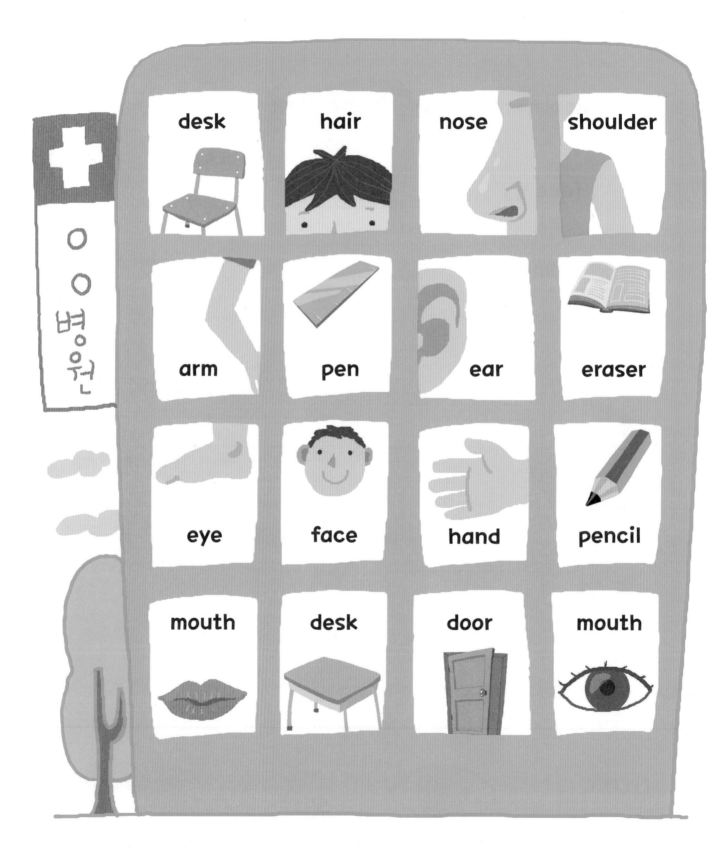

우리 몸 낱말 알기

꼬리표를 보고 알맞은 그림을 찾아 보기와 같이 ○표 하세요.

보기

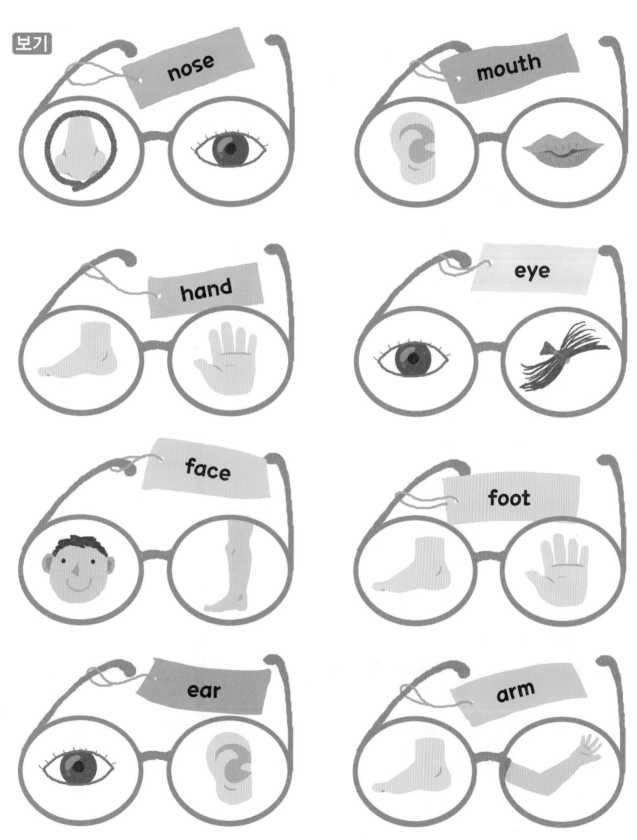

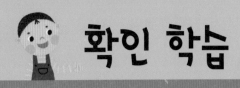

확인 학습

사다리를 타고 내려간 다음, 보기에서 알맞은 낱말을 찾아 빈칸에 번호를 쓰세요.

보기
❶ mouth ❷ book ❸ eye ❹ window
❺ face ❻ pencil ❼ eraser ❽ nose

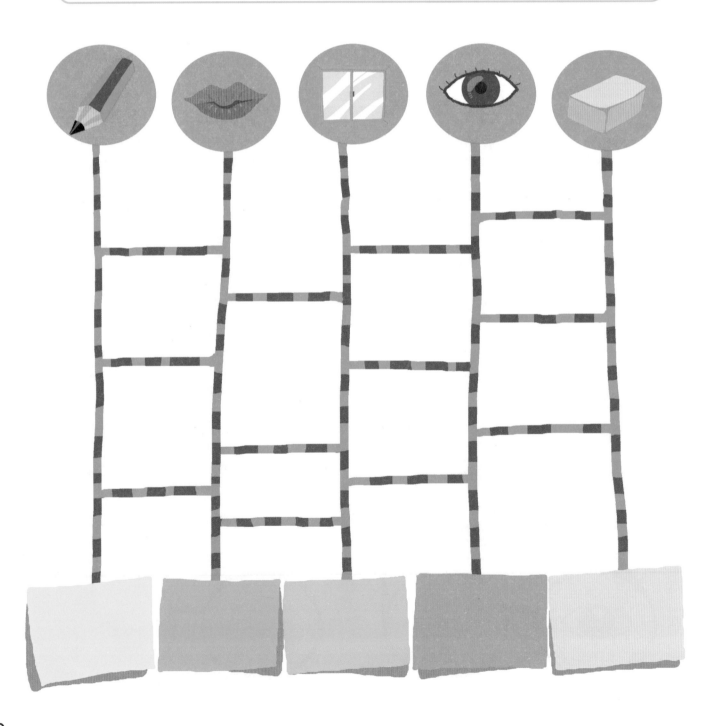

음식 낱말 알기

어떤 음식들이 있는지 그림을 보며 큰 소리로 읽어 보세요.

Happy Birthday

cake 케이크

milk 우유

rice 밥

sandwich 샌드위치

fish 생선

grapes 포도

ice cream 아이스크림

chicken 닭고기

hot dogs 핫도그

biscuits 비스킷

다른 낱말들과 어울리지 않는 낱말을 찾아 ○표 하세요.

| chicken | cake | grapes | book |

39

음식 낱말 알기

낱말 1

그림을 보고 알맞은 낱말을 찾아 선으로 이으세요.

 •

 •

 •

 •

 •

 •

• rice

• chicken

• sandwich

• ice cream

• cake

• grapes

• milk

• hot dog

음식 낱말 알기

접시에 담긴 음식을 보고, 바르게 쓰인 낱말을 찾아 ○표 하세요.

cake   cat

hotcakes   hot dogs

chicken   kitchen

grapes   crapes

sandmill   sandwich

milk   will

break   biscuits

pick   fish

41

과일 낱말 알기

진열대에 어떤 과일이 있는지 그림을 보며 큰 소리로 읽어 보세요.

apple
사과

banana
바나나

orange
오렌지

pear
배

melon
멜론

watermelon
수박

peach
복숭아

strawberry
딸기

다음 낱말에 알맞은 그림을 찾아 ◯표 하세요.

pear

과일 낱말 알기

과일 상자에 이름표를 붙이려고 해요.
보기 에서 알맞은 이름표를 찾아 빈칸에 번호를 쓰세요.

보기

❶ orange ❷ apple ❸ Peach ❹ strawberry

❺ watermelon ❻ pear ❼ melon ❽ banana

낱말 1

과일 낱말 알기

배를 타고 과일 섬을 찾으러 떠나요.
쪽지에 쓰여 있는 과일의 순서대로 따라가 보세요.

pear → orange → melon → apple → strawberry →
banana → peach → watermelon

44

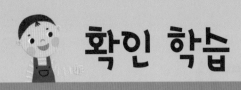

확인 학습

그림과 낱말이 바르게 짝지어진 것을 모두 찾아 ◯표 하세요.　　　　　　　45

sandwich

rice

melon

orange

biscuits

fish

pear

peach

ice cream

농장 동물 낱말 알기

농장에 어떤 동물이 있는지 그림을 보며 큰 소리로 읽어 보세요.

pig 돼지

goat 염소

cat 고양이

dog 개

horse 말

cow 젖소

hen 암탉

duck 오리

다음 낱말과 관계없는 그림을 모두 찾아 ◯표 하세요.

COW

우유

46

농장 동물 낱말 알기

낱말 1

농장에 사는 동물 이름을 잘못 쓴 것을 모두 찾아 ✕표 하세요.

pig

goat

dog

cow

horse

cat

duck

hen

농장 동물 낱말 알기

낱말 1

동물 이름 알파벳이 뒤죽박죽 섞여 있어요.
어떤 동물의 집인지 알 수 있도록 보기와 같이 바르게 쓰세요.

보기

horse

h s o r e

g i p

g d o

c t a

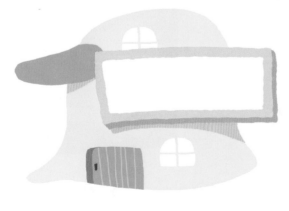

c k d u

w o c

48   집의 모양을 보며 어떤 동물인지 연상해 보게 하세요.

야생 동물 낱말 알기

세계 곳곳에 사는 동물의 모습을 전시하고 있어요.
어떤 동물들이 있는지 그림을 보며 큰 소리로 읽어 보세요.

bear 곰

lion 사자

monkey 원숭이

kangaroo 캥거루

tiger 호랑이

panda 판다

snake 뱀

giraffe 기린

다음 낱말에 알맞은 그림을 찾아 ○표 하세요.

giraffe

야생 동물 낱말 알기

동굴 탑에 갇혀 있는 동물을 구하려고 해요. 그림과 낱말이
바르게 짝지어진 곳을 모두 찾아 ○표 하세요.

야생 동물 낱말 알기

사다리를 타고 내려간 다음, 보기 에서 알맞은 낱말을 찾아 빈칸에 번호를 쓰세요.

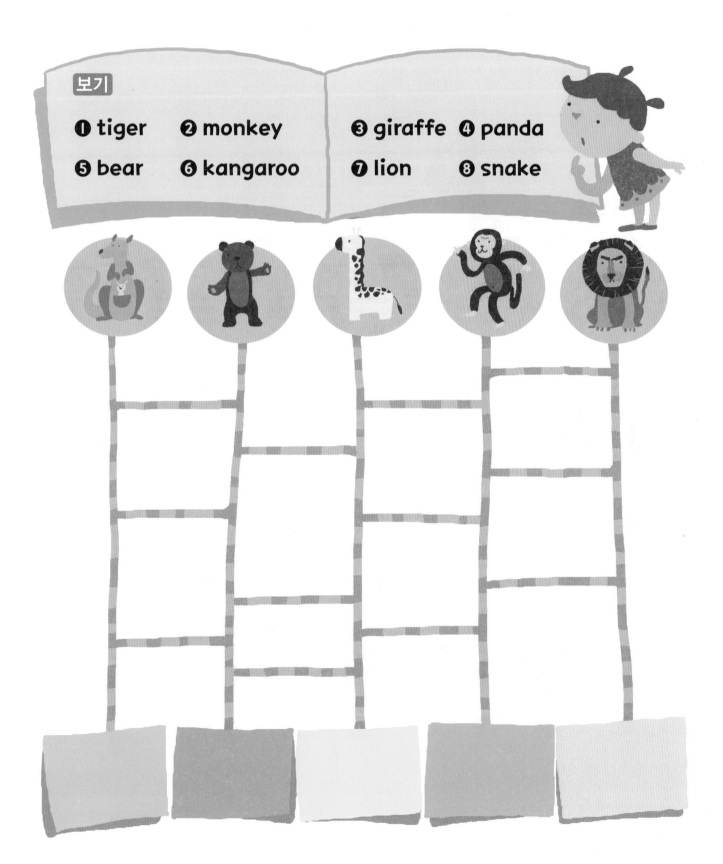

보기

❶ tiger　　❷ monkey　　❸ giraffe　❹ panda
❺ bear　　❻ kangaroo　　❼ lion　　❽ snake

51

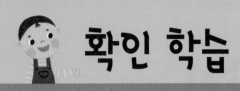

확인 학습

그림을 보고 보기 에서 알맞은 동물 이름을 찾아 빈칸에 쓰세요.

보기   dog   horse   giraffe   snake

움직임을 나타내는 낱말 알기

외계인들이 말을 배우고 있어요.
어떤 말들인지 그림을 보면서 큰 소리로 읽어 보세요.

open 열다

close 닫다

touch 만지다

stand up 일어서다

sit down 앉다

look at 보다

listen to 듣다

wash 씻다

다음 낱말과 관계없는 그림을 찾아 ○표 하세요.

open

움직임을 나타내는 낱말들은 동사라고 하며, 동사는 사물의 동작이나 작용을 나타내는 품사입니다.　53

움직임을 나타내는 낱말 알기

그림에 알맞은 답을 말한 외계인을 찾아 ◯표 하세요.

54

움직임을 나타내는 낱말 알기

외계인이 튼튼한 우주선을 찾으려고 해요.
낱말을 바르게 표현한 그림을 따라가 보세요.

움직임을 나타내는 낱말 알기

무엇을 하는 모습인지 그림을 보며 큰 소리로 읽어 보세요.

sleep 자다

eat 먹다

walk 걷다

jump 뛰어오르다

run 뛰다

dance 춤추다

fly 날다

swim 헤엄치다

다음 낱말과 관계없는 그림을 찾아 ○표 하세요.

fly

움직임을 나타내는 낱말 알기

요정의 행동에 알맞은 낱말을 보기 에서 찾아 빈칸에 번호를 쓰세요.

보기

❶ walk ❷ fly ❸ swim ❹ dance

❺ jump ❻ run ❼ eat ❽ sleep

움직임을 나타내는 낱말 알기

요정들이 움직임을 나타내는 낱말 카드를 순서대로
늘어놓고 있어요. 순서를 잘 보고 빈칸에 알맞은 낱말을 쓰세요.

fly   fly   jump   jump   sleep   sleep   eat   sleep   jump   fly   eat   eat   sleep

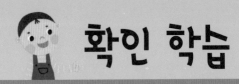

확인 학습

움직임을 나타내는 낱말이 쓰여 있는 사과를 모두 찾아 빨간색으로 색칠하세요.

jump

sit down

cake

touch

apple

ruler

dance

panda

look at

face

옷 낱말 알기

어떤 옷들이 있는지 그림을 보며 큰 소리로 읽어 보세요.

jacket 재킷

coat 외투

sweater 스웨터

pants 바지

vest 조끼

shirt 셔츠

dress 드레스

skirt 치마

다음 낱말에 알맞은 그림을 찾아 ◯표 하세요.

pants

옷 낱말 알기

아빠와 딸의 모습을 잘 보고, 보기 에서 아빠가 입고 있는 옷을
모두 찾아 ○표 하세요.

보기   **dress**   **coat**   **skirt**

pants   **shirt**   **vest**   **sweater**

옷 낱말 알기

보기와 같이 낱말 색깔에 맞게 옷을 색칠하세요.

dress   shirt   pants   jacket

skirt   coat   vest   sweater

보기

옷 관련 낱말 알기

여러 가지 물건을 파는 가게예요.
가게에 무엇이 있는지 그림을 보며 큰 소리로 읽어 보세요.

cap 테가 없는 모자

hat 테가 있는 모자

glasses 안경

socks 양말

gloves 장갑

shoes 구두

sneakers 운동화

sandals 샌들

다음 낱말에 알맞은 그림을 찾아 ○표 하세요.

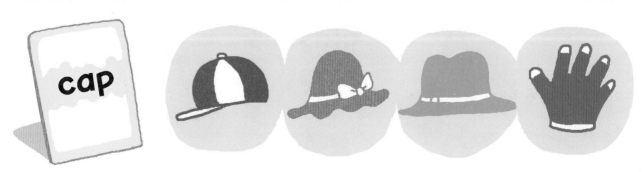

옷 관련 낱말 알기

그림에 알맞은 낱말을 말한 어린이를 찾아 ○표 하세요.

옷 관련 낱말 알기

낱말 1

엄마와 함께 백화점에 가려고 해요.
팻말에 적힌 낱말을 보고 알맞은 그림을 따라가 보세요.

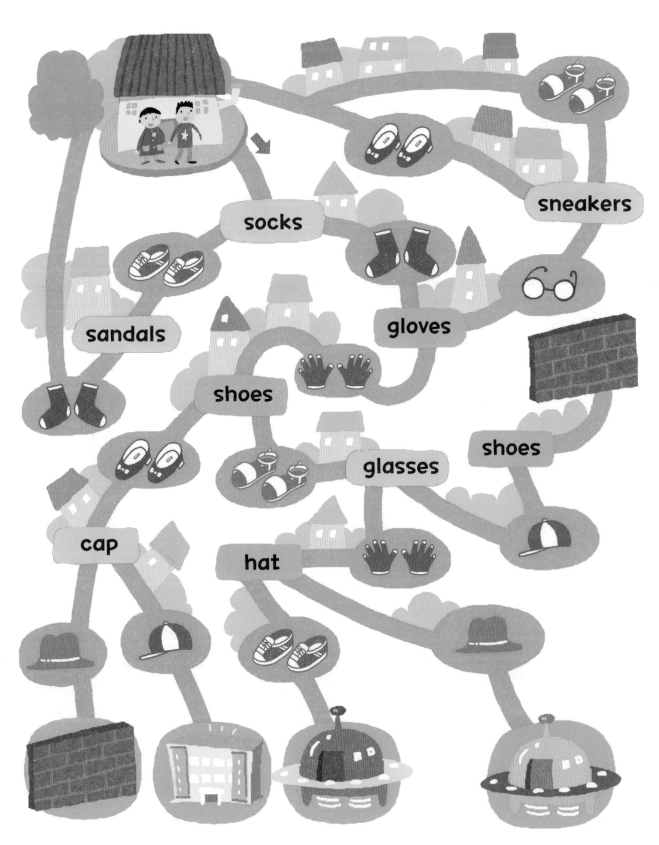

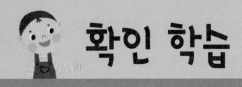

그림과 알맞은 낱말이 만나는 곳에 ○표 하세요.

?						
cap						
hat						
socks						
shoes						
sneakers						
gloves						

낱말 2

날씨, 가족, 내 물건 등
아이들에게 친숙한 낱말을
영어로 표현할 수 있습니다.

학습 체크리스트

- 날씨를 나타내는 낱말 알기
- 상태를 나타내는 낱말 알기
- 숫자 알기
- 가족 낱말 알기

- 색깔 낱말 알기
- 내 물건 낱말 알기
- 기분을 나타내는 낱말 알기
- 운동 낱말 알기

날씨를 나타내는 낱말 알기

각 지역의 날씨가 어떤지 그림을 보면서 큰 소리로 읽어 보세요.

cold 춥다
snowy 눈 오다
sunny 맑다
cloudy 흐리다
rainy 비 오다
hot 덥다
windy 바람 불다

다음 낱말과 관계있는 그림을 모두 찾아 ○표 하세요.

rainy

날씨, 상태와 기분을 나타내는 말은 형용사라고 하며, 형용사는 사물의 성질이나 상태를 나타내는 품사입니다.

날씨를 나타내는 낱말 알기

낱말 2

비행기를 타고 세계 곳곳을 여행하려고 해요.
낱말과 관계있는 그림을 따라가 도착한 곳에 ○표 하세요.

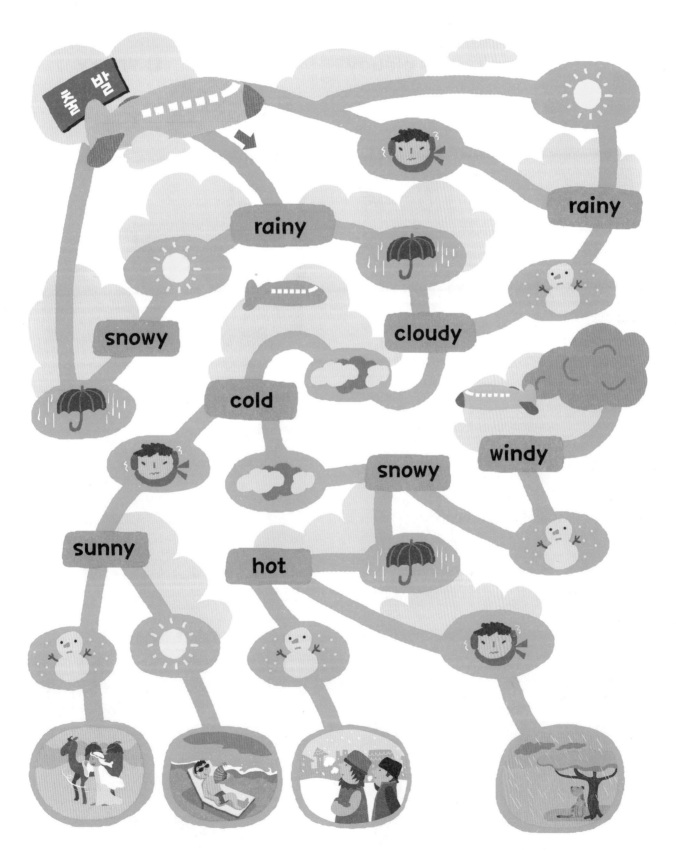

날씨를 나타내는 낱말 알기

그림을 보고 보기 에서 알맞은 낱말을 찾아 빈칸에 번호를 쓰세요.

보기

❶ sunny   ❷ cloudy   ❸ windy   ❹ snowy
❺ hot   ❻ cold   ❼ rainy

70

상태를 나타내는 낱말 알기

꼬마 마법사와 마녀를 서로 비교하면서 상태를 나타내는 낱말을
큰 소리로 읽어 보세요.

다음 낱말에 반대되는 낱말을 찾아 ○표 하세요.

clean   **long**   **small**   **dirty**

상태를 나타내는 낱말 알기

보기와 같이 그림을 보고 알맞은 낱말을 찾아 선으로 이으세요.

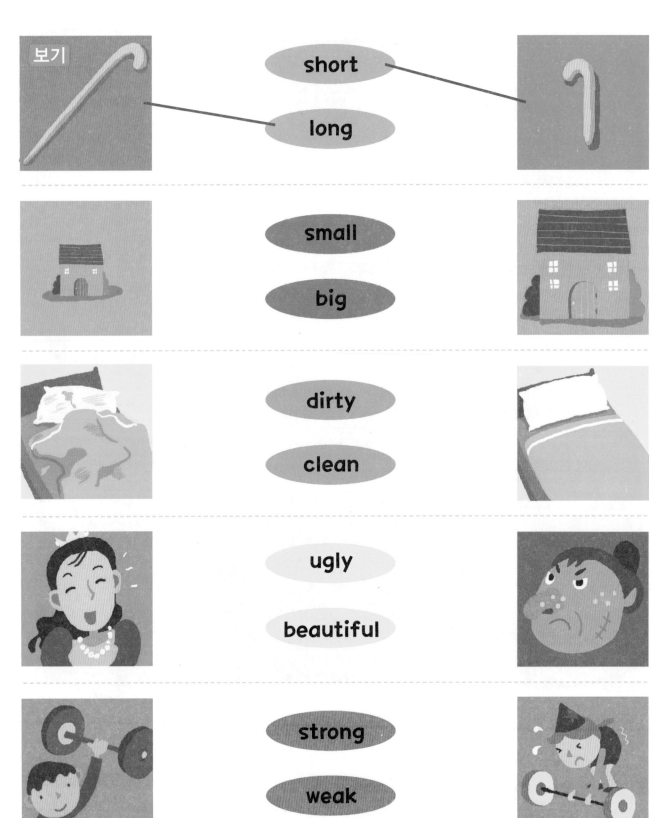

보기

short

long

small

big

dirty

clean

ugly

beautiful

strong

weak

상태를 나타내는 낱말 알기

그림에 알맞은 낱말을 찾아 ◯표 하세요.

ugly

girl

beautiful

butterfly

street

strong

dirty

duty

smile

small

short

shirt

숫자 알기

동물들이 풍선을 각각 몇 개씩 붙었는지,
그림을 보면서 큰 소리로 읽어 보세요.

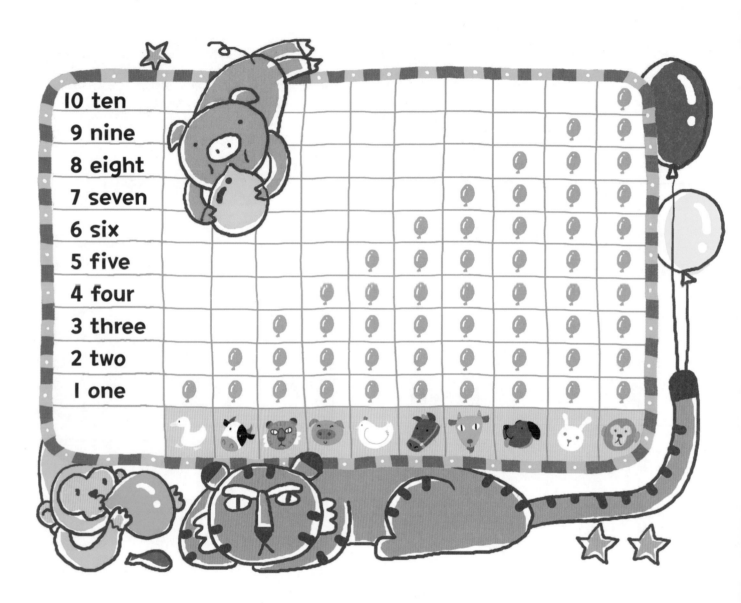

다음 낱말에 알맞은 숫자를 찾아 선으로 이으세요.

숫자 알기

쪽지를 보고 각 물건의 수만큼 색칠하세요.

폭죽 eight
양초 ten
풍선 five
껌 two
축구공 three
요요 four
가면 one
꽃 nine
주사위 seven
막대 사탕 six

숫자 알기

카드에 적힌 낱말을 읽고, 빈칸에 알맞은 숫자를 쓰세요.

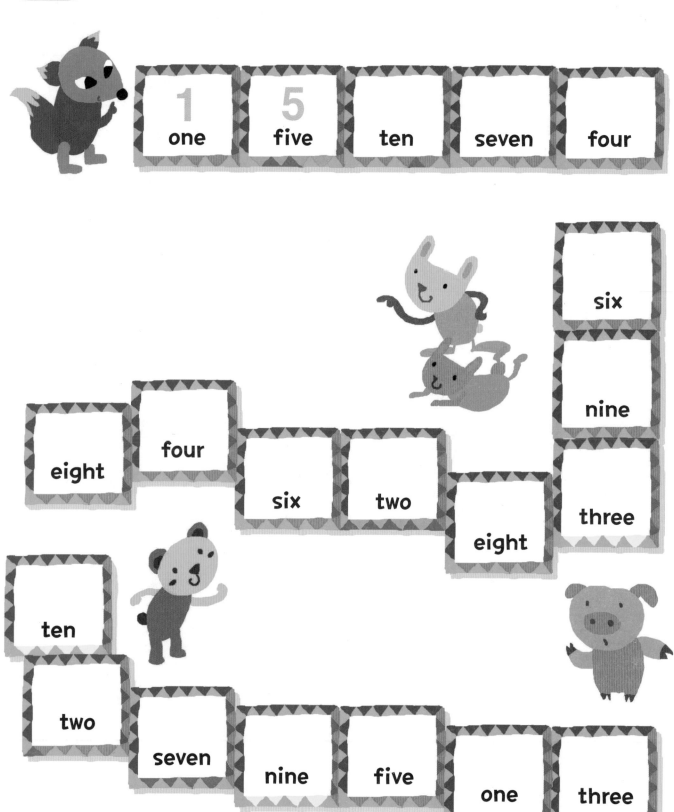

1	5			
one	five	ten	seven	four

eight four six two

six

nine

three

eight

ten

two

seven nine five one three

76

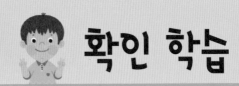

확인 학습

그림을 보고 같은 줄에 있는 두 낱말 중 알맞은 것을 찾아 ○표 하세요.

rainy   sunny

beautiful   ugly

six   7   seven

weak   strong

ten   2   two

가족 낱말 알기

사진을 보면서 가족 명칭을 큰 소리로 읽어 보세요.

father
아빠

mother
엄마

sister
언니

I
나

grandfather
할아버지

brother
남동생

grandmother
할머니

다음 낱말에 알맞은 그림을 찾아 선으로 이으세요.

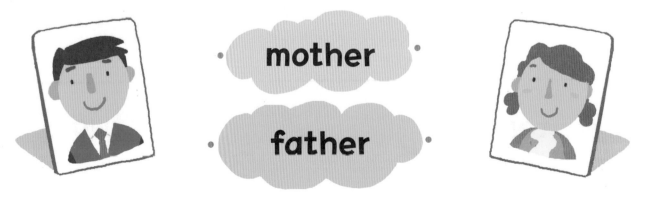

mother

father

가족 낱말 알기

가족의 추억이 담긴 보물을 찾으러 떠나요.
그림과 낱말이 바르게 짝지어진 길을 따라가 보세요.

79

가족 낱말 알기

보기와 같이 그림에 알맞은 낱말을 찾아 ◯표 하고, 빈칸에 쓰세요.

 보기 grandmother	 grandmother	grandfather
	moth	mother
	future	father
	sister	simple
	blood	brother

80

색깔 낱말 알기

낱말 2

어떤 색깔의 페인트가 있는지 그림을 보며 큰 소리로 읽어 보세요.

red 빨강
blue 파랑
white 하양
yellow 노랑
black 검정
brown 갈색
pink 분홍
green 초록

다음 낱말에 알맞은 그림을 찾아 선으로 이으세요.

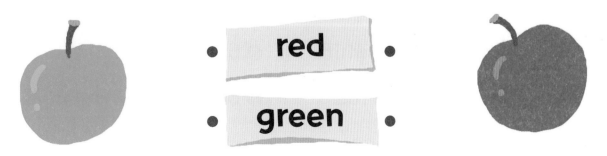

• red •

• green •

81

색깔 낱말 알기

돛단배 색과 같은 색깔을 보기 에서 찾아 빈칸에 번호를 쓰세요.

보기	❶ black	❷ white	❸ blue	❹ pink
	❺ yellow	❻ red	❼ brown	❽ green

82

색깔 낱말 알기

양탄자를 타고 무지개를 찾아 떠나려고 해요.
쪽지에 쓰여 있는 색깔 탑의 순서대로 따라가 보세요.

white → yellow → green → blue → pink →
red → brown → black

내 물건 낱말 알기

어떤 선물을 받았는지 그림을 보면서 큰 소리로 읽어 보세요.

watch 시계

doll 인형

bat 야구 방망이

robot 로봇

pencil case 필통

computer 컴퓨터

notebook 공책

bike 자전거

다음 낱말에 알맞은 그림을 찾아 선으로 이으세요.

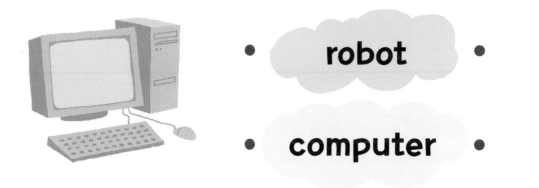

• robot •

• computer •

내 물건 낱말 알기

물건 이름을 바르게 쓴 것을 찾아 〇표 하세요.

compact

computer

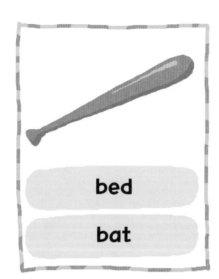

bed

bat

robot

roby

watch

witch

dog

doll

net

notebook

bike

bill

piano

pencil case

내 물건 낱말 알기

빈칸에 알맞은 알파벳을 써서 낱말 퍼즐을 완성하세요.

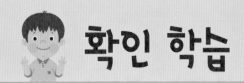 **확인 학습**

각각의 공책에는 서로 비슷한 특징을 가진 낱말이 쓰여 있어요.
다음 중 성격이 다른 낱말을 찾아 ◯표 하세요.

mother

brother

sister

grandfather

robot

---

white

pink

green

I

brown

---

robot

bike

doll

computer

notebook

blue

기분을 나타내는 낱말 알기

어떤 기분, 어떤 상태인지 그림을 보고 큰 소리로 읽어 보세요.

sick 아프다

tired 피곤하다

thirsty 목마르다

hungry 배고프다

happy 기쁘다

sad 슬프다

angry 화나다

다음 그림에 알맞은 낱말을 찾아 ○표 하세요.

tired   angry   happy

기분을 나타내는 낱말 알기

사라진 물건을 찾으러 가요.
낱말과 그림이 알맞게 짝지어진 길을 따라가 보세요.

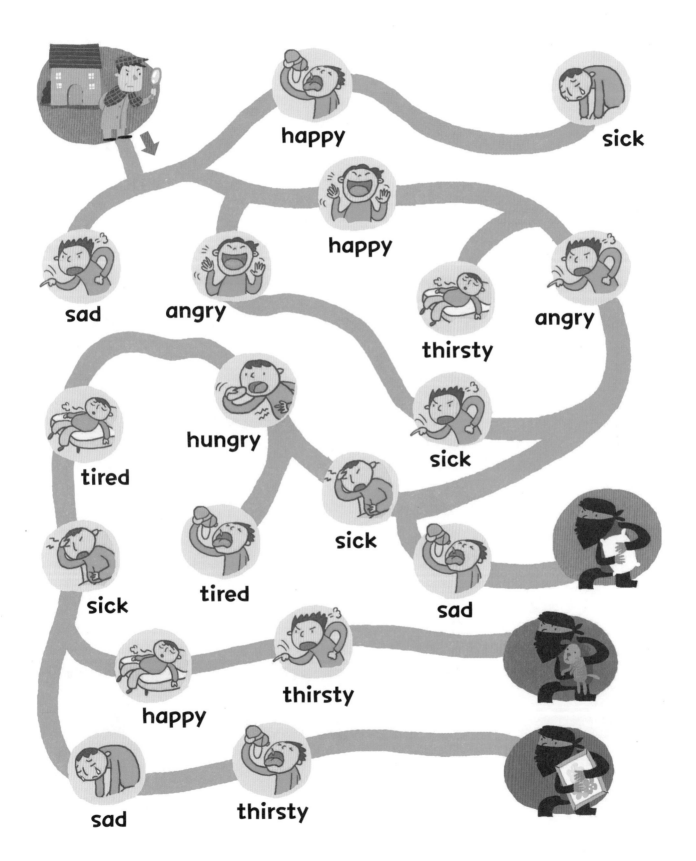

기분을 나타내는 낱말 알기

낱말 2

그림에 알맞은 낱말을 글자판에서 찾아 보기 와 같이
선으로 묶어 주세요.

angry

thirsty

happy

보기

```
r  y  h  a  p  p  y  f  t  m
n  a  s  i  n  k  a  h  s  e
y  d  h  u  n  g  r  y  a  k
f  u  e  m  t  i  r  e  d  u
n  t  h  i  r  s  t  y  g  r
```

sad

hungry

tired

운동 낱말 알기

어떤 운동 경기를 하는 모습인지 텔레비전을 보면서
큰 소리로 읽어 보세요.

soccer 축구

basketball 농구

baseball 야구

table tennis 탁구

tennis 테니스

badminton 배드민턴

skate 스케이트

ski 스키

다음 낱말과 관계있는 그림을 모두 찾아 ○표 하세요.

baseball

운동 낱말 알기

낱말 2

그림에 알맞은 낱말을 찾아 보기 와 같이 ◯표 하세요.

보기

skate

small

(ski)

baseball

basketball

soccer

table tennis

badminton

baseball

tennis

soccer

ski

ski

tennis

skate

baseball

soccer

ski

badminton

basketball

baseball

tennis

soccer

table tennis

운동 낱말 알기

낱말 2

운동 시간표가 완성되도록 보기 에서 알맞은 낱말을 찾아 빈칸에 번호를 쓰세요.

보기
- ❶ table tennis
- ❷ baseball
- ❸ basketball
- ❹ ski
- ❺ badminton
- ❻ soccer
- ❼ tennis
- ❽ skate

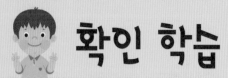

확인 학습

그림과 낱말이 바르게 짝지어진 것을 모두 찾아 보기 와 같이 ○표 하세요.

표현 1

인사하기, 자기소개하기 등
상황에 알맞은 영어표현을
익힐 수 있습니다.

학습 체크리스트

☐ 때에 따라 다른 인사 알기

☐ 자기소개하기

☐ 물건 이름 묻고 답하기

☐ 축하 · 감사 인사하기

☐ 지시하고 명령하기

☐ 좋아하는 것 묻고 답하기

☐ 수량 묻고 답하기

☐ 할 수 있는지 묻고 답하기

☐ 상황에 알맞은 표현 알기

때에 따라 다른 인사 알기

아침, 점심, 저녁, 그리고 잠자리에 들 때 어떤 인사를 하는지 큰 소리로 말해 보세요.

다음 그림을 보고 엄마의 답으로 알맞은 것을 찾아 ○표 하세요.

우리말로는 모두 '안녕!'이라는 뜻이지만, 영어로 인사할 때는 시간에 따라 인사말이 달라진다는 것을 설명해 주세요.

때에 따라 다른 인사 알기

상황에 알맞은 인사를 보기 에서 찾아 빈칸에 번호를 쓰세요.

보기

 ❶ Good morning!   ❷ Good afternoon!

 ❸ Good evening! ❹ Good night!

때에 따라 다른 인사 알기

그림과 인사말이 알맞지 않은 것을 모두 찾아 빈칸에 ✕표 하세요.

표현 1

자기소개하기

어떻게 인사하고 자신을 소개하는지 큰 소리로 말해 보세요.

다음 질문에 알맞은 답을 찾아 ○표 하세요.

자기소개하기

다음 대화를 읽고 자신을 소개한 어린이의 가방을 찾아 색칠하세요.

 Hello.

 Hello. I'm Minsu.

 David  Minsu

 What's your name?

 I'm Kate.

 Kate Yumi

 What's your name?

 My name is Mimi.

 Mimi  Yumi

 Hello.

 Hello. I'm David.

 Sunny  David

자기소개하기

그림을 보고 자신을 바르게 소개한 문장을 찾아 선으로 이으세요.

Carl

• Hello. I'm Molly.

Molly

• I'm Carl.

Peter

• I'm Amanda.

Oscar

• Hi. My name is Oscar.

Amanda

• Hello. My name is Peter.

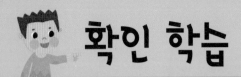

그림을 보고 상황에 알맞은 말을 보기 에서 찾아 빈칸에 쓰세요.

보기

Good morning!   My name is Tom.

Good night!   Hi, I'm Sunny.

102

물건 이름 묻고 답하기

물건 이름을 어떻게 묻고 답하는지 큰 소리로 말해 보세요.

다음 질문에 알맞은 답을 찾아 ○표 하세요.

물건 이름 묻고 답하기

표현 1

다음 상황에 알맞은 답을 보기에서 찾아 빈칸에 번호를 쓰세요.

보기

❶ It's a cake.

❷ It's an orange.

❸ What's that?

❹ It's a sandwich.

❺ It's a book.

❻ What's this?

104

물건 이름 묻고 답하기

대화를 읽고 알맞은 그림을 찾아 보기 와 같이 선으로 이으세요.

보기

What's that?
It's a ruler.

What's this?
It's a hot dog.

What's that?
It's a cat.

What's this?
It's a ruler.

What's that?
It's a cap.

What's this?
It's a book.

This와 That의 뜻에 유의하며 문제를 풀게 하세요.   105

축하 · 감사 인사하기

생일 축하 인사와 감사 인사를 어떻게 하는지
큰 소리로 말해 보세요.

다음 그림을 보고 공주의 대답으로 알맞은 것을 찾아 ○표 하세요.

106

축하 · 감사 인사하기

그림과 대화가 서로 어울리는 상황을 모두 찾아 ○표 하세요.

 Happy birthday!

 You're welcome.

 Thank you!

 You're welcome.

 Happy birthday!

 Thank you!

 What's your name?

 Thank you!

107

축하 · 감사 인사하기

다음 상황을 보고 말풍선에 들어갈 알맞은 답을 찾아 ○표 하세요.

108

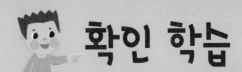

확인 학습

그림을 보고 상황에 알맞은 대화를 찾아 선으로 이으세요.

What's this?

It's an orange.

Thank you!

You're welcome.

Happy birthday!

Thank you!

지시하고 명령하기

표현 1

명령하는 표현을 어떻게 하는지 그림을 보면서
큰 소리로 말해 보세요.

Stand up, please.
일어나세요.

**Put on your sweater,
please.**
스웨터를 입으세요.

**Wash your face,
please.**
세수하세요.

Close the window, please.
창문을 닫으세요.

Open the door, please.
문을 여세요.

다음 그림을 보고 엄마의 말로 알맞은 것을 찾아 ○표 하세요.

Open the window.

Open your eyes.

Wash your face.

명령을 할 때, 'please'를 붙이는 것은 공손하게 격식을 갖춘 표현임을 알려 주세요.

지시하고 명령하기

그림을 보고 어떤 지시에 대한 행동인지
보기 에서 알맞은 명령을 찾아 빈칸에 번호를 쓰세요.

보기

❶ Stand up!

❷ Close the window.

❸ Wash your face.

❹ Put on your jacket.

❺ Put on your sweater.

❻ Open the door.

지시하고 명령하기

로봇이 주인을 잃어버렸어요.
로봇이 주인을 찾을 수 있게 명령대로 길을 따라가 보세요.

Close the door. → Close the window. → Wash your face.
→ Stand up. → Put on your jacket. → Put on your sweater.

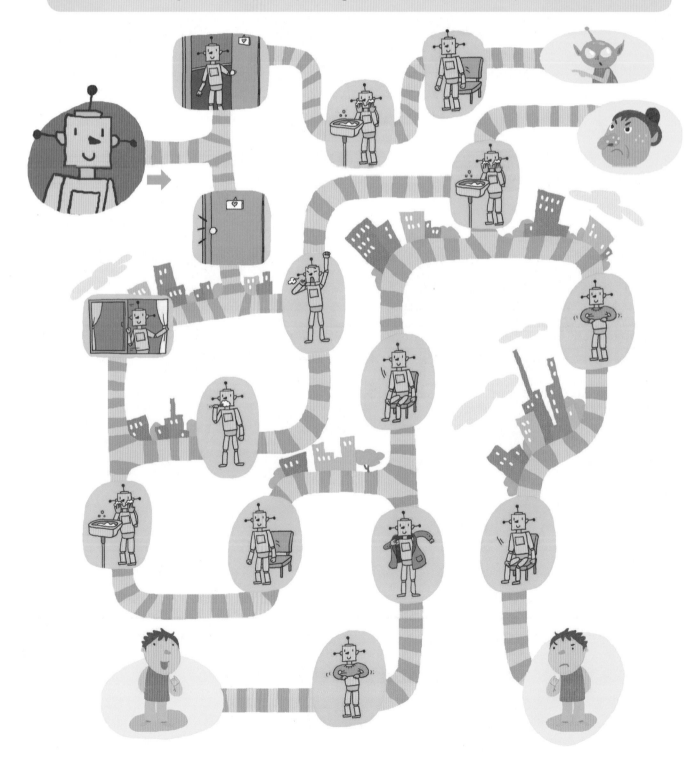

좋아하는 걸 묻고 답하기

좋아하는 것을 어떻게 묻고 답하는지 큰 소리로 말해 보세요.

다음 그림을 보고 알맞은 말을 찾아 ◯표 하세요.

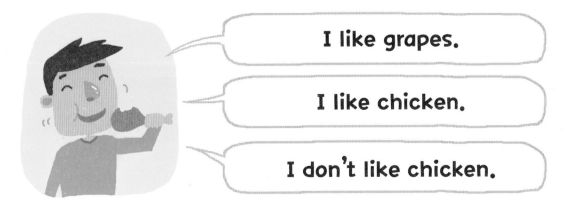

113

좋아하는 건 묻고 답하기

표현 1

다음 대화를 읽고  가 좋아하는 음식을 찾아 ◯표 하세요.

 Do you like chicken?

 Yes, I do.

 Do you like apples?

 No, I don't.
I like grapes.

 Do you like grapes?

 No, I don't.
I like hot dogs.

 Do you like fish?

 Yes, I do.

 Do you like bananas?

 No, I don't.
I like apples.

좋아하는 것 묻고 답하기

표현 1

그림을 보고 알맞은 대화를 찾아 선으로 이으세요.

 •

• Do you like grapes?

No, I don't.

 •

• Do you like chicken?

No, I don't like chicken.

 •

• Do you like bananas?

Yes, I do.

 •

• Do you like fish?

Yes, I do.

 •

• Do you like apples?

Yes, I like apples.

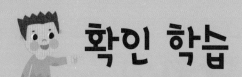

그림과 말이 서로 어울리지 않는 상황을 모두 찾아 ✕표 하세요.

수량 묻고 답하기

물건의 수를 묻고 답하는 표현을 어떻게 하는지 그림을 보면서 큰 소리로 말해 보세요.

다음 질문에 알맞은 답을 찾아 ◯표 하세요.

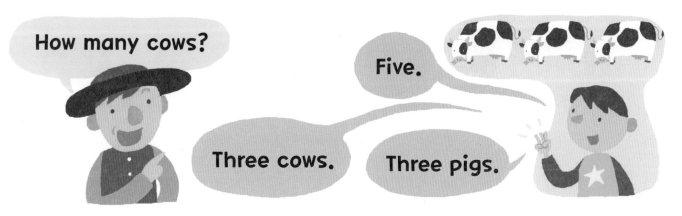

Have의 기본 의미는 '~을 가지고 있다'입니다. 아이 주변 사물을 이용하여 "Do you have a pencil?", "Yes, I have."와 같은 질문과 답을 만들어 보게 하세요.

수량 묻고 답하기

어떤 동물이 몇 마리 있는지 보기와 같이 빈칸에 수를 쓰세요.

동물					
	6				

118

수량 묻고 답하기

그림과 대화의 내용이 맞으면 ○표, 틀리면 ✕표 하세요.

How many cats?

Seven cats.

Do you have dogs?

Yes, I have six dogs.

Do you have a duck?

No, I don't. I have a horse.

How many cows?

Two cows.

Do you have pigs?

Yes, I have four pigs.

할 수 있는지 묻고 답하기

할 수 있는 것과 할 수 없는 것을 어떻게 표현하는지 그림을 보며 큰 소리로 말해 보세요.

다음 그림을 보고 외계인의 대답으로 알맞은 것을 찾아 ○표 하세요.

할 수 있는지 묻고 답하기

다음 그림을 보고 알맞은 말을 찾아 선으로 이으세요.

 •   • I can't swim.

 •   • I can dance.

 •   • I can fly.

 •   • I can skate.

할 수 있는지 묻고 답하기

그림을 보고 질문에 알맞은 답을 찾아 ◯표 하세요.

Can you swim?

Yes, I can.

No, I can't.

Can you fly?

Yes, I can.

No, I can't.

Can you jump?

Yes, I can jump.

No, I can't jump.

Can you skate?

Yes, I can skate.

No, I can't skate.

Can you dance?

Sure, I can.

No, I can't.

상황에 알맞은 표현 알기

상황에 따라 어떤 표현을 하는지 큰 소리로 말해 보세요.

How are you?
어떻게 지내니?

Fine, thanks.
응, 잘 지내. 고마워.

Can you help me, please?
나 좀 도와줄래?

Sure, I can.
물론이지.

Oh, I'm sorry.
어, 미안해.

It's OK.
괜찮아.

Are you OK?
괜찮니?

Yes, I'm OK.
응, 괜찮아.

다음 질문에 알맞은 답을 찾아 ◯표 하세요.

Can you help me?

How are you?

Sure, I can.

Fine, thanks.

상황에 알맞은 표현 알기

보기와 같이 대화에 알맞은 그림을 찾아 빈칸에 번호를 쓰세요.

보기

1	Thank you. You're welcome.		Can you help me, please? Sure, I can.
	How are you? Fine, thanks.		I'm sorry. It's OK.
	Are you OK? Yes, I'm OK.		Bye! Bye!

124

상황에 알맞은 표현 알기

표현 1

그림과 대화가 서로 어울리는 것을 모두 찾아 ◯표 하세요.

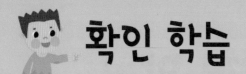

다음 상황에 알맞은 답을 보기에서 찾아 빈칸에 쓰세요.

> 보기   No, I can't.   No, I don't.   Good bye!   Sure, I can.

Can you help me?

Do you have cows?

Good bye!

Can you swim?

표현 2

시각, 나이, 가격 등을 묻고 답하는
영어 표현을 익힐 수 있습니다.

학습 체크리스트

☐ 날씨 묻고 대답하기·소개하기

☐ 금지와 주의 표현 알기

☐ 나이 묻고 답하기

☐ 시각 묻고 답하기

☐ 사람에 관해 묻고 답하기

☐ 사물에 관해 묻고 답하기

☐ 제안하고 응답하기

☐ 원하는 물건과 가격 묻고 답하기

날씨 묻고 대답하기 · 소개하기

어떻게 날씨를 표현하고 친구를 소개하는지 그림을 보면서
큰 소리로 말해 보세요.

How's the weather?
날씨 어떻니?

It's snowing.
눈이 와요.

It's sunny.
맑아요.

It's raining.
비가 와요.

It's cloudy.
흐려요.

Tom, this is Justin.
톰, 얘는 저스틴이야.

Nice to meet you.
만나서 반가워.

Nice to meet you, too.
나도 만나서 반가워.

다음 대화를 읽고 알맞은 그림을 찾아 ○표 하세요.

 How's the weather?

 It's sunny.

날씨 묻고 대답하기 · 소개하기

그림에 알맞은 답을 보기 에서 찾아 빈칸에 번호를 쓰세요.

How's the weather?

보기

❶ It's sunny. ❷ It's raining.

❸ It's snowing. ❹ It's cloudy.

날씨 묻고 대답하기 · 소개하기

대화를 읽고 알맞은 그림을 찾아 ◯표 하세요.

 How's the weather?

 It's raining.

 How's the weather?

 It's sunny.

 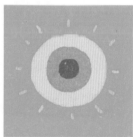

 How's the weather?

 It's snowing.

 How's the weather?

 It's cloudy.

금지와 주의 표현 알기

금지와 주의를 뜻하는 표현을 그림을 보며 큰 소리로 말해 보세요.

어떤 상황에서 이 말을 써야 하는지 알맞은 그림을 찾아 ○표 하세요.

금지와 주의 표현 알기

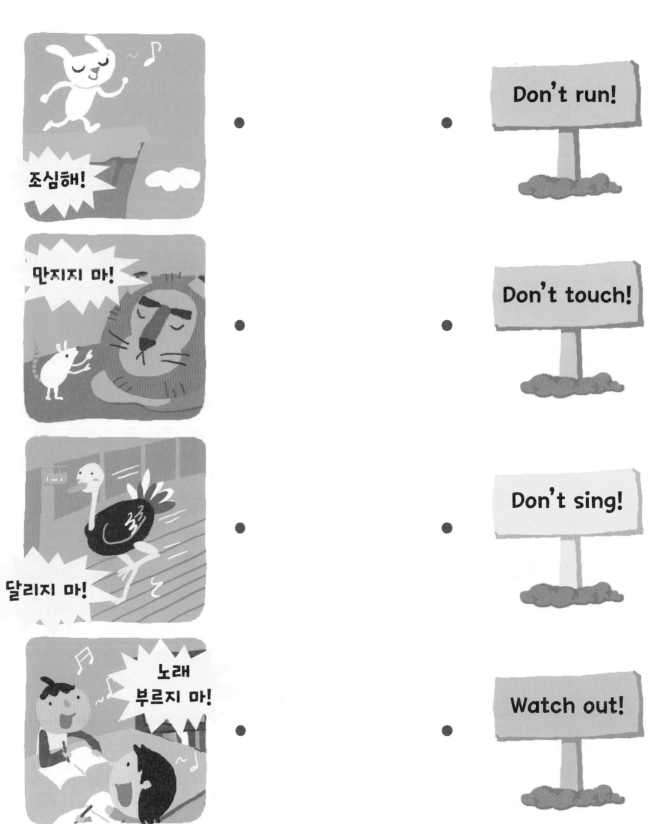

표현 2

그림을 보고 각 상황에 필요한 표지판을 찾아 선으로 이으세요.

132

금지와 주의 표현 알기

어떤 상황에 쓰이는 말인지 알맞은 그림을 찾아 ○표 하세요.

Don't run!

Don't touch!

Don't sing!

Don't jump!

Watch out!

다음 상황에 알맞은 말을 보기 에서 찾아 빈칸에 쓰세요.

보기

Nice to meet you.   It's sunny.

Don't run.   It's rainning.

나이 묻고 답하기

나이를 묻고 답하는 표현을 그림을 보며 큰 소리로 말해 보세요.

How old are you?
몇 살이니?

I'm ten years old.
열 살이에요.

I'm nine years old.
아홉 살이에요.

I'm three.
세 살이에요.

I'm six.
여섯 살이에요.

How old is he?
이 소년은 몇 살입니까?

He is eight years old.
여덟 살이에요.

How old is she?
이 소녀는 몇 살입니까?

She is seven years old.
일곱 살이에요.

다음 대화를 읽고 알맞은 그림을 찾아 ○표 하세요.

How old is she?

She is seven years old.

나이를 말할 때, '~years old'를 쓰지 않고 숫자만 말해도 뜻이 같다는 것을 알려 주세요.

나이 묻고 답하기

대화를 읽고 알맞은 아이를 찾아 보기와 같이 선으로 이으세요.

보기

How old is he?

He is seven years old.

How old is she?

She is five.

How old is he?

He is ten years old.

How old is she?

She is nine.

Jane, 9세

Tom, 7세

Jiho, 8세

Bill, 10세

Mini, 5세

Ann, 10세

나이 묻고 답하기

대화를 읽고 알맞은 아이를 찾아 ○표 하세요.

How old are you?

I'm seven years old.

How old is she?

She is six years old.

How old are you?

I'm five years old.

How old is he?

He is eight.

How old is he?

He is seven.

시각 묻고 답하기

몇 시인지 묻고 답해 보고, 그 시각에 무엇을 하는지
큰 소리로 말해 보세요.

What time is it now?
지금 몇 시니?

It's seven o'clock.
It's time for breakfast.
7시야. 아침 먹을 시간이야.

It's eight o'clock.
It's time for school.
8시야. 학교 갈 시간이야.

It's twelve o'clock.
It's time for lunch.
12시야. 점심 먹을 시간이야.

It's six.
It's time for dinner.
6시야. 저녁 먹을 시간이야.

It's ten.
It's time for bed.
10시야. 잠자리에 들 시간이야.

시각 묻고 답하기

표현 2

다음 상황을 보고 말풍선에 들어갈 알맞은 답을 찾아 ○표 하세요.

What time is it now?

- I'm Jenny.
- It's two o'clock.
- Nice to meet you.

It's three o'clock

- What's your name?
- What's that?
- What time is it now?

What time is it now?

- It's two.
- It's four.
- It's nine o'clock.

What time is it now?

- It's five.
- It's sunny.
- I'm five years old.

시각 묻고 답하기

글과 그림이 서로 어울리지 않는 상황을 모두 찾아 ✕표 하세요.

It's seven.
It's time for breakfast.

It's nine.
It's time for school.

It's two.
It's time for dinner.

It's five.
It's time for school.

It's seven.
It's time for dinner.

It's ten.
It's time for bed.

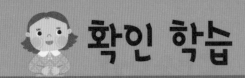
대화를 읽고 알맞은 그림을 찾아 선으로 이으세요.

What time is it now?
It's two o'clock.

How old are you?
I'm nine years old.

How old is she?
She is seven.

It's ten.
It's time for bed.

What time is it?
It's five.

사람에 관해 묻고 답하기

사진을 보면서 누구인지 묻고 답하는 표현을 큰 소리로
말해 보세요.

Who is he/she?
그/그녀는 누구니?

He is my father.
우리 아빠야.

She is my sister.
우리 누나야.

He is my brother.
우리 형이야.

He is Bill. He is my friend.
빌이야. 내 친구지.

She is beautiful.
그녀는 아름답다.

He is nice.
그는 멋지다.

He is ugly.
그는 못생겼다.

She is pretty.
그녀는 예쁘다.

다음 대화를 읽고 알맞은 그림을 찾아 ○표 하세요.

Who is she?

She is my mother.

사람에 관해 묻고 답하기

상황에 알맞는 말을 만드는데 필요한 카드를 모두 골라
보기와 같이 ○표 하세요.

보기

She **is** **beautiful.**

He   mother

He   You

is

friend.   ugly.

She   ugly.

He   is   pretty.

He   is   sister.

She   nice.

143

사람에 관해 묻고 답하기

표현 2

대화를 읽고 알맞은 사람을 찾아 ○표 하세요.

Who is he?

He is my father.

Who is she?

She is my mother.

He is nice. Who is he?

He is my brother.

She is pretty. Who is she?

She is my sister.

He is nice. Who is he?

He is John. He is my friend.

표현 2

사물에 관해 묻고 답하기

사물이 누구의 것이고 어떤 색깔인지 묻고 답하는 표현을
큰 소리로 말해 보세요.

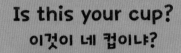
Is this your cup?
이것이 네 컵이냐?

Yes, it is.
예, 맞습니다.

What color is that?
그것은 무슨 색깔이냐?

It's yellow.
노란색입니다.

Is this your robot?
이것이 네 로봇이냐?

No, it isn't.
My robot is big.
아니요. 제 로봇은 큽니다.

Is this your robot?
이것이 네 로봇이냐?

Yes, it is.
예, 맞습니다.

It's red.
빨간색입니다.

It's blue.
파란색입니다.

It's green.
초록색입니다.

다음 대화를 읽고 알맞은 그림을 찾아 〇표 하세요.

Is this your cup?

No, it isn't.
My cup is green.

사물에 관해 묻고 답하기

대화를 읽고 알맞은 그림을 찾아 ○표 하세요.

 **This hat is big.
Is this your hat?**

 Yes, it is.

 Is this your cup?

 **No, it isn't.
My cup is small.**

 Is this your notebook?

 **No, it isn't.
My notebook is big.**

 **This bag is big.
Is this your bag?**

 Yes, it is.

 Is this your robot?

 **No, it isn't.
My robot is big.**

사물에 관해 묻고 답하기

대화를 읽고 알맞은 컵을 찾아 선으로 이으세요.

What color is it?

My cup is green.

•   •

What color is it?

My cup is yellow.

•   •

What color is it?

My cup is pink.

•   •

What color is it?

My cup is red.

•   •

What color is it?

My cup is blue.

•   •

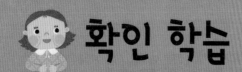

다음 상황을 보고 알맞은 말을 보기에서 찾아 빈칸에 쓰세요.

보기

Yes, it is.   She is my mother.

He is my brother.   It's red.

Who is she?

_____

He is nice. Who is he?

_____

What color is this?

_____

Is this your robot?

_____

제안하고 응답하기

어떻게 제안하고 응답하는지 그림을 보면서
큰 소리로 말해 보세요.

Let's play badminton.
배드민턴 치자.

OK! 그래!

Let's play soccer.
축구하자.

Let's play baseball.
야구하자.

Let's play basketball.
농구하자.

Let's play tennis.
테니스 치자.

Let's play skating.
스케이트 타러 가자.

Sorry, I can't. I'm tired.
미안, 피곤해서 못 가겠어.

Let's make snowman.
눈사람 만들자.

Sorry, I'm sick. I have a cold.
미안, 아파서 안되겠어. 감기 걸렸어.

다음 대화를 읽고 알맞은 그림을 찾아 ○표 하세요.

Let's paly baseball.

제안하고 응답하기

표현 2

친구들과 운동을 하며 즐거운 시간을 보내요.
보기에 적혀 있는 일과대로 길을 따라가 보세요.

보기

Let's play tennis. → Let's play soccer. → Let's play badminton.
→ Let's play basketball. → Let's go skating.

원하는 물건과 가격 묻고 답하기

원하는 물건과 가격을 묻고 답하는 표현을 그림을 보면서
큰 소리로 말해 보세요.

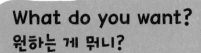

What do you want?
원하는 게 뭐니?

I want a bat.
야구 방망이를 갖고 싶어요.

 I want a bike.
자전거를 갖고 싶어요.

 I want a doll.
인형을 갖고 싶어요.

 I want a watch.
시계를 갖고 싶어요.

 I want a computer.
컴퓨터를 갖고 싶어요.

It's seven hundred won.
700원이야.

How much is it?
이것 얼마예요?

 It's five hundred won.
500원이야.

 It's three hundred won.
300원이야.

 It's nine hundred won.
900원이야.

다음 대화를 읽고 알맞은 그림을 찾아 ○표 하세요.

What do you want?

I want a doll.

hundred는 '100', '백'이라는 뜻으로 'five hundred won'은 500원임을 알려 주세요.

원하는 물건과 가격 묻고 답하기

표를 보고 아이들이 원하는 물건이 아닌 것을 모두 찾아 보기 와 같이 ✕표 하세요.

원하는 물건과 가격 묻고 답하기

표현 2

가격표를 보고 물건값이 얼마인지 [보기]에서 찾아 빈칸에 번호를 쓰세요.

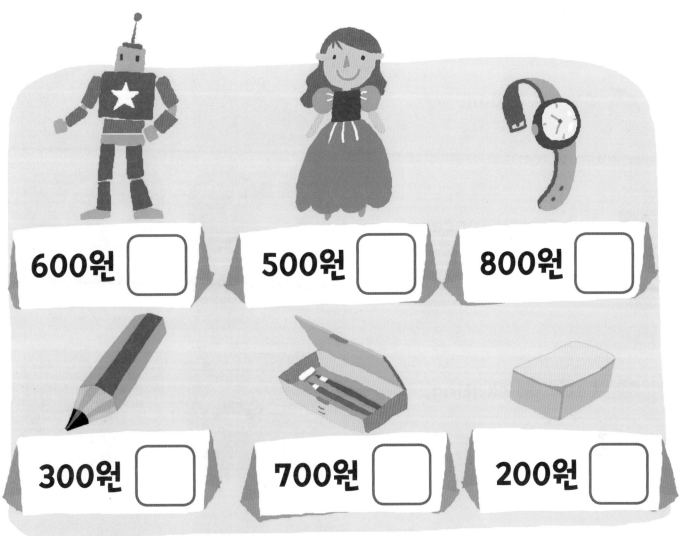

600원 ☐   500원 ☐   800원 ☐

300원 ☐   700원 ☐   200원 ☐

How much is it?

[보기]

❶ It's five hundred won.

❷ It's two hundred won.

❸ It's seven hundred won.

❹ Three hundred won.

❺ Six hundred won.

❻ Eight hundred won.

다음 대화를 읽고 알맞은 그림을 찾아 ○표 하세요.

What do you want?

I want a doll.

Let's play soccer.

OK.

Let's go skating.

Sorry, I can't. I'm sick.

How much is it?

It's four hundred won.

 400원  500원

What do you want?

I want a blue watch.

해답

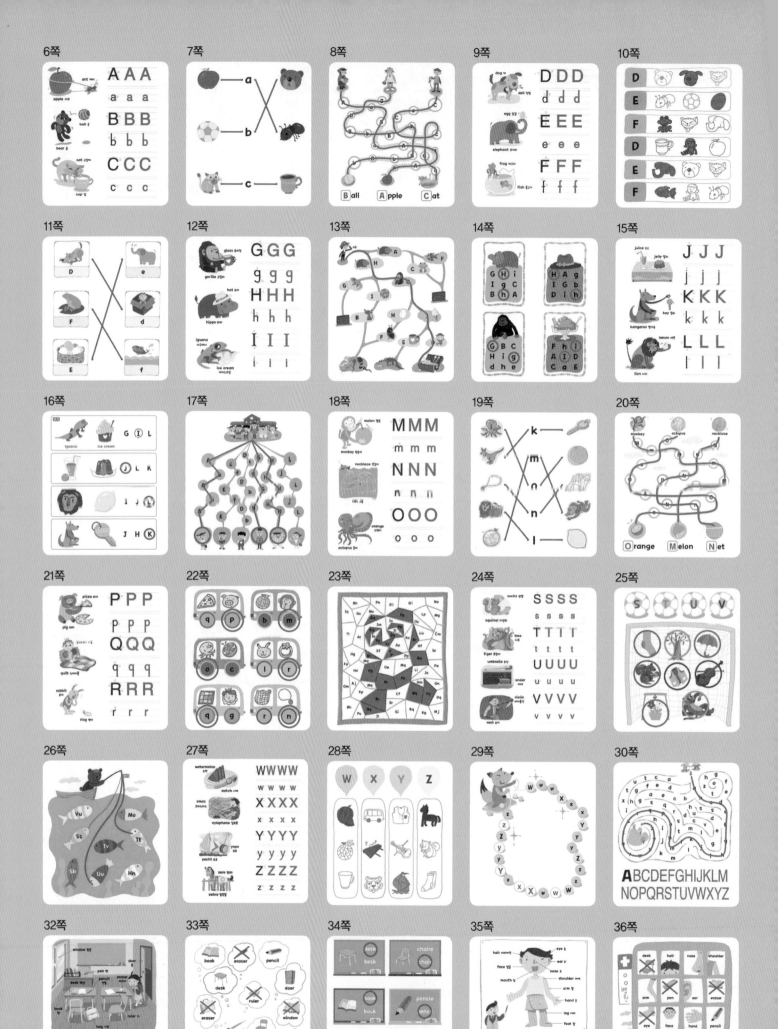

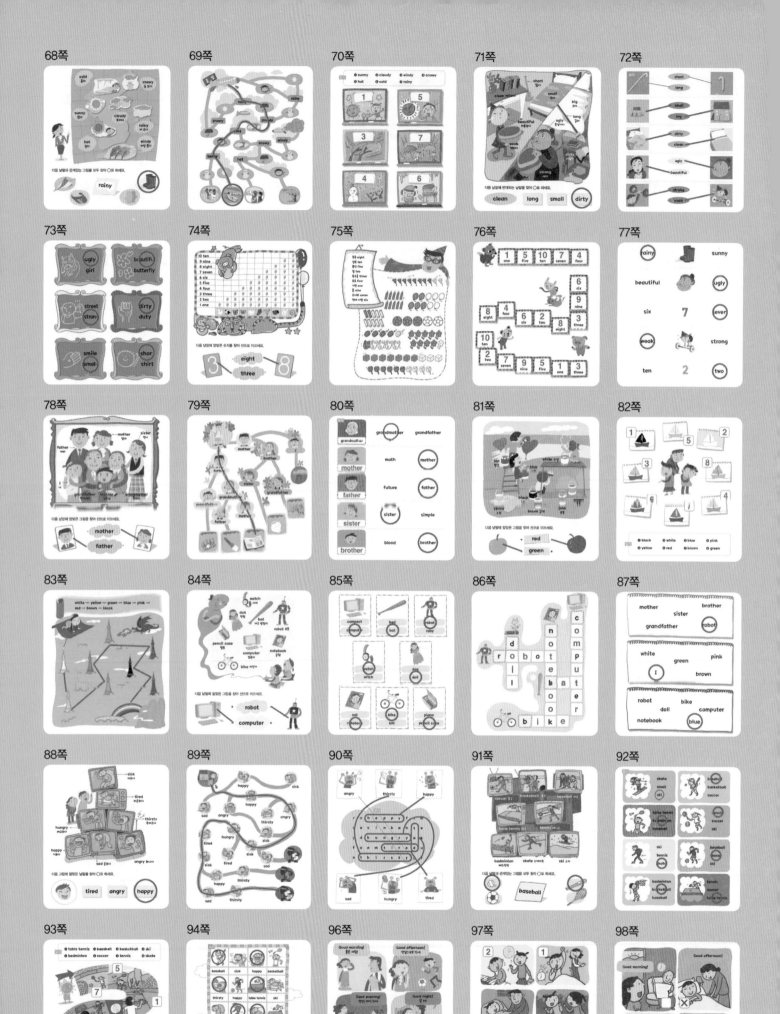

99쪽

100쪽

101쪽

102쪽

103쪽

104쪽
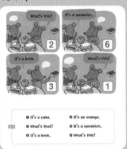

105쪽
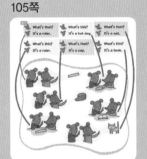

106쪽

107쪽

108쪽

109쪽

110쪽

111쪽

112쪽

113쪽

114쪽

115쪽

116쪽

117쪽

118쪽

119쪽

120쪽

121쪽
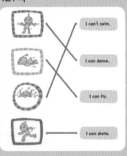

122쪽

123쪽

124쪽

125쪽

126쪽

128쪽

129쪽

130쪽
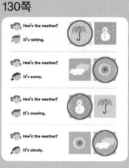

131쪽

132쪽
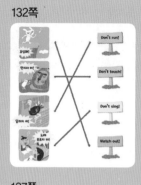

133쪽

134쪽

135쪽

136쪽
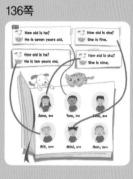

137쪽
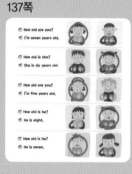

139쪽
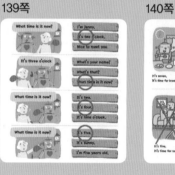

140쪽

141쪽
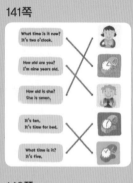

142쪽
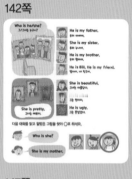

143쪽

144쪽
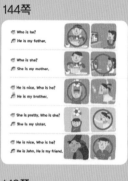

145쪽

146쪽

147쪽
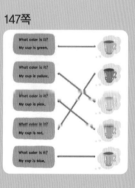

148쪽

149쪽

150쪽
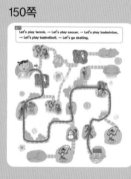

151쪽

152쪽

153쪽
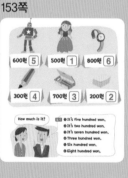

154쪽